官僚生態図鑑
ズレまくるスーパーエリートへの処方箋
森永卓郎
MORINAGA TAKURO

まえがき

知られざる官僚の実態

2024年8月27日、私がレギュラー出演しているニッポン放送の「垣花正　あなたとハッピー！」に元経産官僚の岸博幸氏がゲストとして招かれた。

なぜ、日本が「失われた30年」に陥ったのかを議論するなかで、私が「日本の経済社会を支えてきた官僚が、小市民化したことが1つの大きな原因だ」と言うと、岸氏は全面的に賛成してくれた。

ところが、私のこの主張は、一般の人たちにはなかなか伝わらない。

その理由は、「官僚」の実態がほとんど知られていないからだ。

本書で言う官僚とは、国家公務員全体のことではない。霞が関で働くことを前提に採用されたスーパーエリート（キャリア官僚）のことだ。

かつては国家公務員上級職と呼ばれ、その後、国家公務員Ⅰ種と呼ばれるように変わり、最近では国家公務員総合職と呼ばれている。

大雑把な話をすると、毎年700人ほどが採用されるから、同世代のなかで1万人に1人以下の確率でしか就職できない超難関の仕事だ。一般国民は、キャリア官僚とノンキャリアの官僚は、同じ国家公務員にしか見えないようだが、両者はまったく異なる。

にもかかわらず、官僚の仕事内容は驚くほど知られていない。

私がショックを受けたのは、岸氏が登場した翌日のゲストで番組に登場した元財務官僚の山口真由氏の発言だった。

山口氏は、東京大学法学部を首席で卒業し、財務省に入省した。しかし、たった2年で財務省を辞めている。

財務省を就職先に選んだのは「エリートの就職先＝財務省」という思い込みがあったからで、財務省を辞めたのは「自分が想像していたのと仕事内容があまりに違っていた」からだそうだ。

東大法学部という官僚養成機関で学んだ山口氏でも、官僚の実態をよくわかっていなかった。その理由は明確だ。これまで、官僚の実態を伝える文献がほとんど存在しないからだ。

第一に、官僚の実態を示す統計が存在しない。

たとえば、本省の課長の給料がいくらかという統計はあるのだが、それをキャリアとノンキャリア別に分けて集計した統計は存在しない。係長、課長補佐、課長など、ポストごとの人数も、キャリアとノンキャリアに分けては公表されていない。建前上はキャリアでもノンキャリアでも、同じ国家公務員という取り扱いになっているのだ。

第二は、キャリア官僚自身が、自分の職業実態をあまり語りたがらないことだ。のちに詳述するが、キャリア官僚の特典であるスピード出世や付け届けや接待、天下りなどは、堂々と世間に言える話ではないからだ。

第三は、キャリア官僚の持つ権力や処遇が省庁によって大きく異なることだ。最強の官庁である財務省、それに次ぐ権力を持つ経産省や国土交通省などと、所管業界を持たない会計検査院などでは同じキャリア官僚と言っても、実態が大きく異なる。キャリア官僚本人だけでなく、彼らのもとで働くノンキャリアの公務員でさえ、官僚全体の状況を俯瞰的に語ることが難しい。

こうした状況下だからこそ、官僚の〝生態〟を正しく伝えることが必要になるのだ。

前作『ザイム真理教』（三五館シンシャ）で財務省の実態を詳述した。官僚の世界では、財務省が最強官庁であり、その権力がずば抜けていることは事実だが、たとえば第二次安倍政権時代には財務官僚を抑え込むために経産官僚が重用されるなど、経産官僚も財務省に次ぐ力を持っている。また、ほかの中央官庁の官僚も、所管する分野においてはそれなりの力を発揮している。

そして何より、ノンキャリアの一般公務員とくらべれば、官僚は権力の大きさ、出世のスピード、天下りを含めた処遇など、ありとあらゆることが別次元になっている。そこで本作では、財務官僚にとどまらず、霞が関の官僚全体を描くようにした。言ってみれば、『ザイム真理教』の全省庁バージョンが本作なのだ。

間近で目撃した生態

私自身は、一度も官僚になったことはない。だが、官僚の生態はよく知っている。理由は4つある。

1つは、新卒で1980年に就職したのが日本専売公社だったことだ。公社という名前はついているものの、専売公社の実態は前身の大蔵省専売局のままで、人事システムも大蔵省時代のものを引き継いでいた。大卒新卒者の採用は本社が採用する「大卒A採用（ダイエーと呼ばれていた）」と支社が採用する「大卒B採用」に分かれていて、大卒A採用が官僚に相当する採用枠だった。合格するのは旧七帝大出身者に限られ、私の年の事務系採用は9人だけだった。

大卒B採用は、入社後、養成訓練試験に合格した者だけが本社でも活躍できるが、定年まで勤めても課長代理までで終わる人がほとんどだ。

それに対して、大卒A採用は猛スピードで昇進し、早ければ20代で工場の職員課長、最大で部下が300人とかになる。そうしたキャリア官僚と同様の人事システムだったので、私は「ミニ官僚」としての体験をしている。

2つ目の理由は、1984年から1986年までの2年間、経済企画庁総合計画局（現在の内閣府経済社会総合研究所）に出向して、官僚と一緒に毎日深夜まで一緒に働いたということだ。

3つ目の理由として、シンクタンク（三井情報開発総合研究所と三和総合研究所）に転職してからは、中央官庁がクライアントの大部分を占めていたので、官僚の指示に従って働いていたことだ。

私がシンクタンク時代に仕事を請け負った中央官庁は、通産省、農水省、運輸省、建設省、労働省、文部省、国土庁（いずれも当時）など多岐にわたっていた。大蔵省（現・財務省）から直接委託調査を受注したことはないが、中央官庁のプロジェクトを進めるなかで、頻繁にコンタクトを取っていた。

4つ目の理由として、私自身の仕事の軸足を大学とメディアに移してからも、官僚たちとの交流が続いたことだ。

つまり、私の45年間にわたる職業人生のほとんどは官僚とともにあり、間近で彼らの生態を観察してきたのだ。もちろん、本物の官僚のような強大な権力を手にしていたわけではないが、それをすぐそばで見続けてきたことは間違いない。

だから、私の眼には、素晴らしいことから悪辣なことまで官僚の生態とその変化がしっかりと焼き付いている。

本書では、それを読者のみなさんに余すところなくお伝えしたい。本書が日本で初めての「官僚生態図鑑」たるゆえんだ。

官僚生態図鑑◎もくじ

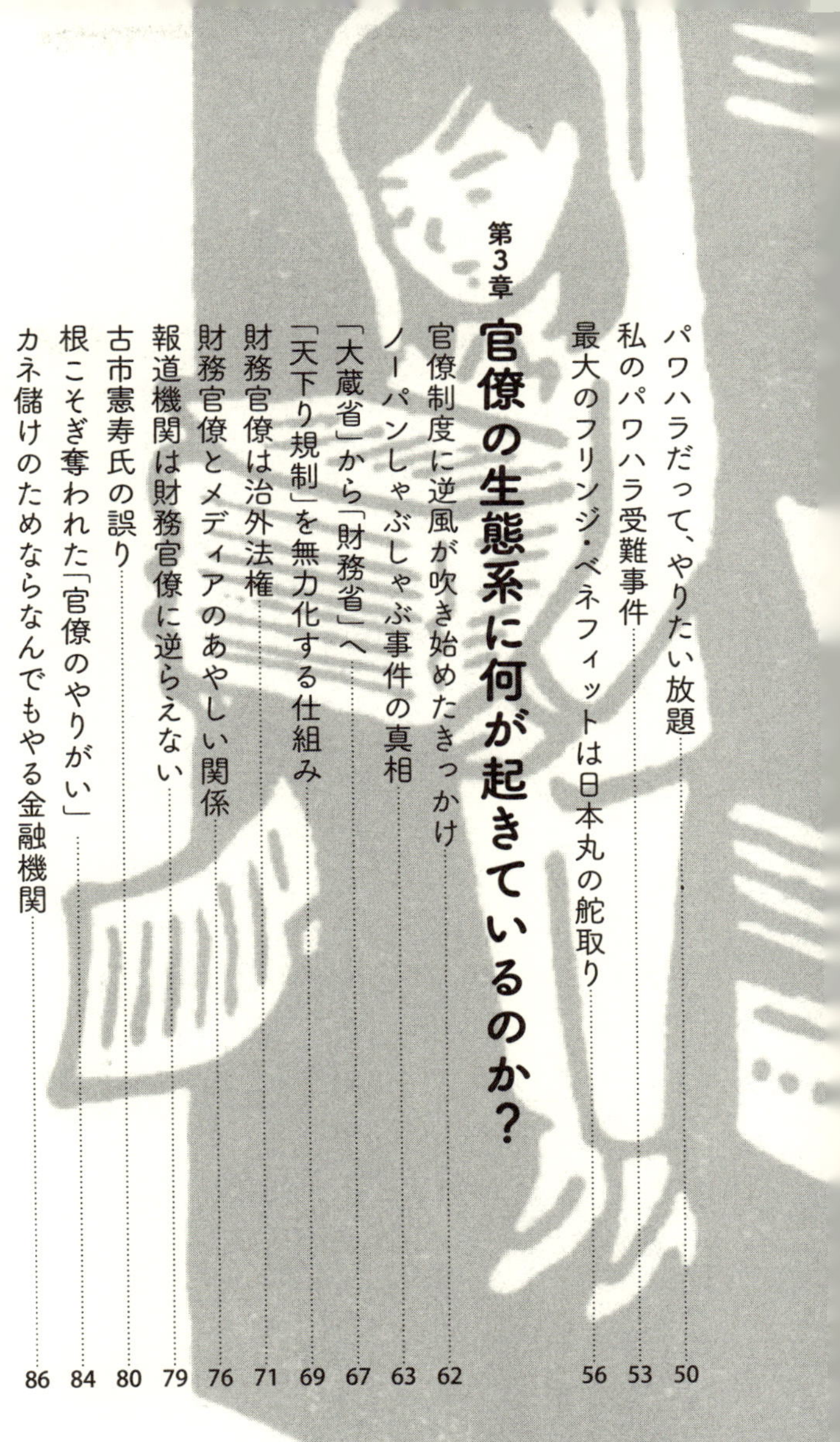

装幀◎原田恵都子（ハラダ＋ハラダ）
イラスト◎大嶋奈都子
本文校正◎円水社
本文組版◎閏月社

第1章

私が観察した官僚の生態

日本経済に「奇跡」が起こったワケ

私は、官僚に求められる一番の仕事は、「少数精鋭のエリートとして、日本のグランドデザインを描くこと」だと考えている。日本丸の舵取りだ。

国家の方向性を決める基本政策は、できるだけ多くの関係者の意見を聞いて、バランスの取れた政策を作るべきだという考えもある。

しかし、私はそう思わない。さまざまな意見を聞くということは、妥協をするということであり、そうすると政策の整合性が取れなくなる。また、政策決定までに長い時間を要することになってしまう。

それよりも、それぞれの専門分野に通じた「知的エリート」が角突《つの》き合わせて、濃密な議論をして政策を詰めたほうが、はるかによい政策ができあがるのだ。私はその担い手が官僚だったのだと考えている。そして、その政策決定は大きな成果を収めてきた。

たとえば、「傾斜生産方式」だ。

太平洋戦争で日本は、焼け野原になった。そこからの復興を図るため、１９４６年末から政府は鉄鋼や石炭の生産基盤回復を最優先する産業政策をとった。まず、基礎素材の生産回復を最優先したのだ。具体的には、占領軍から認められた重油の輸入枠をすべて鉄鋼業に投入し、その鉄鋼を使って石炭生産を回復させる。さらにその石炭を鉄鋼に投入するという循環で、鉄鋼と石炭という産業を支える基礎素材を確保したのだ。

次にそこで確保した鉄鋼や石炭を、そのほかの重化学工業に回すことで、産業を支える原材料を確保する。その後、その原材料を電気機械や輸送機械などの生産に回して、国民生活の充実と輸出拡大を図り、それが軌道に乗ると、資源をコンピュータやソフトウェアなどの知識集約産業に回していくという段階的な発展を目指した。

そうした政策の中心となったのが、１９６０年から10年ごとに通商産業省（現・経済産業省）が作った「通商産業ビジョン」だった。

この官僚主導の「産業政策」は、じつにうまく機能した。

だから、戦後の日本経済は世界から「奇跡」と呼ばれるほどの急速な復興に成功したのだ。

官僚に求められる資質とは

傾斜生産方式に始まる産業政策は単なる理念ではなく、具体的な「数字」を伴っていた。

それが、経済企画庁が保有する「長期多部門モデル」だ。

この経済モデルでは、労働力や資本財、原材料などの資源制約を年次ごとに設定する。もちろん、国内生産に余力ができれば、その資源は翌年の生産資源に回される。そうした制約式の塊を作って、GDP成長率がもっとも高くなる成長経路を見つけるのだ。そのことで、経済がもっとも成長できる産業構造の変化とそのときの経済成長率を同時に得ることができる。

長期多部門モデルは別名「ターンパイク（高速道路）モデル」とも呼ばれていた。日本経済をもっとも速く運ぶ「高速道路」の姿を描き出すからだ。

こう書くと、簡単に聞こえるかもしれないが、長期多部門モデルは、線形計画法の手法を用いて「解《かい》」を見つけるために膨大な計算を要する。私が経済企画庁で勤務していたときには、1回のシミュレーションに半日の時間を要していた。

そして、恐ろしいことに、計算の結果、「インフィージブル（解なし）」という結果がしばしば起きていた。あまりに制約が厳しいと、高速道路の建設がそもそも不可能になるのだ。

半日も結果が出るのを待っていて、解が出ないと大騒ぎになる。そこで官僚は手分けをして、コンピュータの優先使用権を確保し、関係各所と調整して制約条件の見直しを詰めて、新たなシミュレーションの準備を早急に行なう。ぼやぼやしている時間はない。シミュレーション結果が出なければ、その後の審議会を進められなくなってしまうからだ。

だから、官僚たちは自分の役割をきちんと認識し、阿吽《あうん》の呼吸で臨戦態勢につくのだ。緊急事態だから、家に帰りたいとか、何をやるべきかを相談する時間はない。シミュレーションができるまで、全員がありとあらゆる努力を重ねるのだ。

そうした仕事を前提に考えると、官僚に求められる資質は3つになる。

1つは、飛び抜けた知的能力だ。

官僚は課長になったら説明員として国会答弁をしなければならない。審議官や局長になったら政府委員として閣僚並みの責任を伴う答弁が必要になる。「前日に人事異動でポストに就いたから、詳しいことはわかりません」なんてことは、口が裂けても言えない。だから、とてつもなく高い能力が必要になるのだ。

求められる資質の2つ目は、頑強な体力だ。

毎日仕事が深夜に及ぶことは日常茶飯事だが、時には1週間まったく家に帰れないこともある。それに耐えられないといけないのだ。もちろん、中央官庁の仕組みはよくできていて、実質的な仕事の大部分を課長補佐が仕切る慣行がある。30代の若い年齢だからこそ無理が利くのだ。

3つ目の資質が、プライベートのすべてを犠牲にして、国のために尽くす、高い情熱を持つことだ。それがなければ、官僚の仕事は限りなくブラック労働に近づいてしまうからだ。

この3条件のなかで、私がもっとも重視している資質は、第一の「飛び抜けた知的能力」だ。

私が接した〝天才〟たち

半世紀近く官僚と付き合い、その生態を観察してきて、私が身に染みて感じるのは、彼らがけた違いに高い知的能力を持つということだ。

それは、単に勉強で身につく知識量だけではない。彼らはあらゆる変化に対する柔軟な対応力や知的創造性を持っている。

そのことに最初に気づいたのは、官僚の最大の供給源となっている東京大学に入学した直後だった。

最初の数学の授業で試験問題が出された。

「４次元の球《きゅう》の体積と表面積を計算しなさい」

私は理科Ⅱ類（農学部や薬学部などに進学するコース）に入学したのだが、クラスは理科Ⅲ類（おもに医学部へ進学するコース）と混成だった。

理Ⅲチームは、大部分がさっさと問題に取りかかって、ものの10分ほどで解き終わり、暇そうにしている。

一方、理Ⅱチームは、問題が何を聞いているのか理解できずに茫然としているメンバーと、解答に取りかかるメンバーにくっきりと二分された。8割は茫然自失組だったと思う。

正直言うと、私は中途半端で、体積の計算まではできたのだが、表面積の計算で行き詰まり、時間切れで解答終了となった。

試験終了直後、私は問題をさっさと解いたメンバーに聞いた。

「ねえ、4次元の球の表面積って、どういう意味かな」

目を丸くした同級生は、私にこう言った。

「おまえ、4次元が見えないのか。アインシュタインは6次元まで見えたというぞ」

もう1つだけ事例を挙げよう。大学入学時のクラスメイトにKさんという女子学生がいた。Kさんのお父さんは東大教授で、学者一家だった。

私のクラスは第二外国語がドイツ語だったが、小学4年生をオーストリアのウィーンですごした私以外、全員がドイツ語を学ぶのは初めてだった。

大学2年生になったとき、ドイツ語の担当教授が交替した。Kさんは猛烈なスピードの流暢なドイツ語で、新しい教授にあいさつをした。教授は驚いて尋ねた。
「Kさん、キミはドイツのどこで、何年、暮らしていたんだね？」
「先生、私は昨年、週に一度のドイツ語の授業を聞いていただけです」

正直言うと、私は自分自身を「農耕馬最速」だと考えている。
しかし、農耕馬はいくら努力して鍛えても、サラブレッドに勝つことはできないのだ。

東大生の１割くらいが、私が逆立ちしても敵わないサラブレッドで、その人たちが官僚への道を歩んでいったのだ。ちなみにKさんは卒業後、外務公務員採用試験に合格し、外交官の道を歩んだ。

とはいえ、キャリア官僚はたった一度の試験だけで選ばれている。そんな一発勝負で、とてつもなく優秀な学生を選ぶことができるのかという疑問がしばしば呈される。ただ、私の観察によると、一発勝負の採用試験でポンコツを採ってしまう確率は１～２割だ。

逆に言えば、官僚の８～９割はサラブレッドが占めている。サラブレッドたちはどんな形式の試験であろうと柔軟に対応してしまうからだ。

官僚はいくらもらえるのか？

官僚になる人の報酬は、とくに若いうちはけっして高くない。

図表は、内閣官房内閣人事局が公表している「国家公務員の給与（令和5年版）」に記載されている国家公務員のモデル年収だ。この表は、総合職（キャリア官僚）と一般職（ノンキャリア職員）の平均になっている。

キャリア官僚の報酬を引き上げる1つの手段は、猛烈なスピードで出世させることだ。

第一選抜だと、30代の早い時期に本府省の課長補佐になり、年収が1000万円を超える。

40代には課長になり、年収は1300万円。その後、審議官、局長、そして最後は年収2500万円の事務次官と、事務方として最高峰の地位まで出世の階段が続いている。

国家公務員のモデル給与

	月額	年間給与
係員 **25歳**	196,900円	3,213,000円
係長 **35歳**	274,600円	4,541,000円
地方機関課長 **50歳**	413,200円	6,702,000円
本府省課長補佐 **35歳**	435,320円	7,192,000円
本府省課長 **50歳**	749,400円	12,601,000円
本府省局長 **—**	1,074,000円	17,698,000円
事務次官 **—**	1,410,000円	23,235,000円

（注）月額及び年間給与は四捨五入

出典：令和４年給与勧告の仕組みと本年の勧告ポイント

同じ国家公務員でも、一般職の場合は、定年近くなって課長補佐というのが大部分で、本省の課長に出世できる人は極めてまれなのだ。

ただ、キャリア官僚も適用される給与表自体はノンキャリアとまったく同じなので、20代までの給料はノンキャリアと大差がないのだ。

20代の係員で年収321万円、30代の課長補佐で年収719万円、40代の課長で1260万円という平均年収は、エリート中のエリートの彼らにとってはけっして高いとは言えない。民間企業に就職した同級生とくらべたら、大きく見劣りする水準になっている。

また、キャリア官僚はとてつもない時間の残業を強いられるが、それが残業手当に反映されることはほとんどない。

ここは統計のない部分なのだが、予算を握っている財務省の官僚だけはフルに近い形の残業代が支払われるが、ほかの省庁の残業代は雀の涙だ。

斎藤元彦知事はこうして変節した

官僚が「国家のためにすべてを捧げる」という高い意識に支えられているとはいえ、民間とくらべてあまりに見劣りする処遇ではやる気を失ってしまう。

そこでこれまで官僚だけに用意されてきたのが、2つのフリンジ・ベネフィット（別払いの実質給与）だった。

1つは、所管業界や所管自治体から受ける接待、付け届けなどの饗応《きょうおう》だ。かつてはキャリア官僚の住む公務員住宅では、部屋のなかにお中元やお歳暮が天井まで積みあがるということが起きていた。

もちろん、これも省庁が握っている権力の大きさによって水準が大きく異なっている。財務省や経産省など、強い権限を握っている省庁に勤務する官僚ほど、大きな饗応を受けることができるのだ。

いまや「おねだり知事」として全国に名を馳せた斎藤元彦兵庫県知事は東京大学経済学部の出身だが、学生時代にはおねだりやパワハラ体質が一切なかったという。

斎藤知事が変わり始めたのは、2002年にキャリア官僚として総務省（旧・自治省）へ入省し、2008年に新潟県佐渡市に出向して、そこで殿さま扱いされたことがきっかけだと言われている。

そもそも戦前までの県知事は、選挙で選ばれるのではなく、内務省（現・総務省はそのうちの1つ）を中心とした官僚から選ばれていた。現在では、知事は選挙で選ばれることになっているが、実態は戦前の仕組みが色濃く残っている。知事のうち、中央省庁の官僚出身者は25人（斎藤知事含む）と過半数を占めているのだ。そのうち総務省（旧・自治省）出身者が11人でもっとも多く、経済産業省が5人、国土交通省が5人、財務省2人、外務省と農林水産省が各1人ずついる（2024年9月現在）。

さらに兵庫県が特殊なのは、県知事をずっと官僚（旧・自治省）出身者が務め続けていることだ。

つまり、「官僚＝お殿さま」という意識が地元の経済界やマスメディア、県議会に深く根付いている。このために、斎藤元彦兵庫県知事は最初から関係者たちにちやほやされ続けた。

それで斎藤知事はいい気になりすぎてしまったというのが、おねだり・パワハラ事件の本質だと私は考えている。

そして、官僚が受け取ってきた金銭面での最大のフリンジ・ベネフィットは「天下り」だ。官僚の本当の厚遇は定年後に待ち受けているのだ。

天下り先では、２０００万円前後の報酬が用意される。それだけではない。ろくな仕事をしないのに、個室と秘書と運転手付きの専用車と交際費と海外旅行がセットで付いてくる。天下り官僚を１人受け入れると、受け入れ企業には年間１億円もの負担がのしかかってくると言われている。

最初にあっせんされた天下りポストは数年後に後任にゆずられるが、退職の際に数千万円の退職金を受け取って、新しい天下り先へと「転職」を繰り返していく。「渡り」と呼ばれるシステムだ。

そのなかで、官僚が実質的に受け取るフリンジ・ベネフィット（現金給与に付加される事実上の報酬）を含めた生涯年収は最大で30億円にも達する。一般職の公務員の10倍だ。

官僚たちはみな、その仕組みがよくわかっている。ある省庁の元事務次官の天下り先を訪ねたことがある。

「ほとんど仕事をしていないのに、この厚遇は不当だと思いませんか？」

私がそう問いかけると彼は言った。

「森永君も知っているように、俺は課長補佐時代、低賃金でほとんど寝ずに働き続けたんだ。だから、役所にはそのときの貸しがある。いまはその貸しを少しずつ取り戻しているだけだ」

第2章 凋落し始めた官僚

私が観察した官僚の生態❷

崩れゆく〝最強の就職先〟

給料が安くて、長時間労働だが、さまざまな饗応と定年後の天下りを考えれば、さほど悪い処遇でもないという環境のもと、官僚志望者はあとを絶たず、各省庁は〝最強の就職先〟として君臨し続けてきた。

しかし、その環境はこの30年ほどで大きく変化した。

1つは1990年ごろから強化された行政改革だ。

それまで所管業界や自治体などからの接待をさんざん受けてきた官僚に対して、そうした慣行は許されないというルールに変更になってしまった。

その結果、官僚は業界との距離を取るために霞が関のオフィスに閉じこもり、頭のなかだけで考えた「上から目線」の政策を押し付けるようになったのだ。

もう1つは、社会全体の世帯構造変化と波長を合わせるように、官僚のなかでも専業主婦世帯が激減したことだ。

彼らの行動範囲は狭いから、官僚同士のカップルが生まれることが多い。課長補佐同士が結婚すれば、図らずして年収２０００万円のパワーカップルが誕生する。彼らの発想はどうしても「自分たちの暮らしのなかでこういう政策があったら嬉しいよね」というものになる。

いままさにその政策は、年収３００万円前後にしかならない一般国民のニーズとはかけ離れ、ズレまくったものになってしまっているのだ。

官僚を選ばないエリートたち

人事院が２０２４年７月に発表したデータによると、官僚として採用されたあと、10年未満で退職した国家公務員は、２０２２年度に１７７人と、２年連続で過去最多を記録した。２０１３年度は76人、２０１８年度は１１６人となっており、若年期での退職者が急増していることがわかる。

官僚の凋落は、学歴別に見ても明らかだ。

官僚の最大の供給源は、最高峰の学歴とされる東京大学だ。いまでも、大学別に官僚への就職者数を見ると、東大がトップに君臨しているものの、その割合は低落傾向にある。また、東大生の就職先を見ても、官僚になる割合は確実に減ってきているのだ。

人事院は「慢性的な長時間労働や民間企業との待遇の差など、勤務環境に対する不満などが背景にあるのではないか」と分析しているが、問題はもっと根深いところにある。

官僚が受け取る生涯の報酬はけっして少ないわけではない。場合によっては、民間の数倍、一般公務員の10倍にも及ぶ。しかし、その報酬の支払いが、第一線を退いた50代以降の天下り時代に集中していることが問題なのだ。

なぜ、そんなおかしな仕組みができあがったのか。

そこには、表向き「2つの平等」を標榜《ひょうぼう》しなければならないという制約が存在したからだ。

1つの平等は、公務員給与の民間準拠だ。国家公務員法で、公務員給与は民間の給与水準を調査して、そこに給与水準を合わせることになっている。そのため、公務員の給与は民間の平均に合わせざるをえないのだ。

第2の平等は、一般の公務員との平等だ。国家公務員の給与表には、エリート向けのテーブルがない。一般公務員だろうと、超エリートの官僚だろうと、同じ給与表が適用されるルールになっているのだ。そうなると、官僚の給与を上げる手段は、出世を早めて、若いうちから高い職階の給与を適用するしかない。実際、それはずっと行なわれてきた。

たとえば、大蔵省では1995年ごろまで、20代後半の若手官僚を税務署長に就任させていた。右も左もわからない若造をあえて税務署長に就任させることで給与を上げていたのだ。

ただ、いくら無理をして職位を上げても、年収を爆発的に上げることは不可能だ。そのため、30代半ばで本省の課長補佐になっても、年収は1000万円程度が限界なのだ。

官僚の報酬を完全に自由にコントロールできるのは国家公務員法が適用されない退職後、すなわち天下り先での処遇に限られるのだ。

ただ、そうした報酬システムの場合、退職後の高額報酬を保障する仕組みが必要になる。そのための仕掛けは、公務員制度をゆがめるほど強く実施されてきた。

「好きな天下り先を選んでください」

第一は、十分な天下り先を確保することだ。ある中央官庁の事務次官室で、私はこう質問をしたことがある。

「官僚トップの事務次官までのぼり詰めてから1年以上経ちますが、その間、一番心を砕いてきたことはなんですか？」

事務次官は驚くべき回答をした。

「そんなこと決まっているじゃないか。それは1本でも新しい法律を作って、それに関連する天下り先を用意することだよ。事務次官の仕事の9割は、新しい天下りポストの拡充なんだ」

ちなみに一般省庁は、そうした「努力」で天下りポストを増やしていくのだが、こと大蔵省（現・財務省）に限っては、努力が不要だ。新しくできた天下り先に、現業官庁とともに大蔵省用のポストを用意させる。天下り先創出のための予算を認めたのは大蔵省だからだ。

新規の天下り先は、現業官庁用と大蔵省用の2つセットで作られる。そのため、大蔵官僚にはいくらでも天下り先がある。

日本財政には莫大な「埋蔵金」があり、日本の財政状況が先進国でトップクラスの健全性を確保していることを暴露して、財務省が広める「財政破綻を救うために増税が必要」というキャンペーンを真っ向から否定した元財務官僚の髙橋洋一氏（嘉悦大学教授）は、財務省関係者から「髙橋は三度殺しても殺し足りない」と言われるほど恨まれたそうだ。

それでも髙橋氏が財務省を退職する際、財務省は、天下りが可能なポストをずらりと並べて、「好きな天下り先を選んでください」と言ったそうだ。

髙橋氏は即刻断ったそうだが、天下りのあっせんを断った官僚を髙橋氏以外に私は知らない。

当然だろう。年間の実質報酬1億円の生活が死ぬまで用意されているからだ。

財務官僚は無罪放免

官僚への高額報酬後払いを保障するため、暗黙のルールが作られた。「官僚は何をしても絶対に解雇されない」、そして「役所のために罪を犯しても、有罪にならない」というオキテだ。

途中で退職することになると、当初に約束していた定年退職後の天下り報酬が支払えなくなってしまうからだ。

何をしても有罪にならないことの象徴は、財務省の佐川宣寿《のぶひさ》元理財局長だろう。佐川元局長は、近畿財務局が森友学園へ国有地を二束三文で払い下げた際の決裁文書を、安倍晋三元総理に不利にならないように改ざんするように近畿財務局に指示した。

決裁文書の改ざんというのは行政への信頼を根底から覆す背信行為だ。マスメディアからの厳しい追及を受けて、財務省は2018年3月12日に改ざんの事実と本省（佐川理財局長）からの指示だったことを認めた。虚偽有印公文書作成は、最高で懲役

10年の重大犯罪でもある。

ところが、大阪地検特捜部は、この事件自体を「不起訴」としたのだ。同時に、国有地を格安で払い下げたことによる背任容疑に関しても「違法性があったとは言えない」とした。

一般常識では考えられない検察の判断で、佐川元局長は、公文書改ざんの刑事責任を問われないことになったのだ。もちろん刑事責任追及ができなかったとしても、行政処分は可能だ。

ところが、２０１８年6月4日に公表された佐川元理財局長に対する懲戒処分は、停職３カ月相当というものだった。その結果、66万円の減額となったものの、最終的に４９３３万円という巨額の退職金が支払われることになったのだ。

私は、佐川元局長は懲戒免職にすべきだったと思う。私だけでなく、ほとんどの国民はそう思うだろう。だが、現実にはこれだけひどい罪を犯しても、上級国民の財務官僚は無罪放免になってしまうのだ。

しかし、改ざん事件はこれで終わらなかった。２０１８年3月7日、決裁文書の改ざんを命じられた近畿財務局職員の赤木俊夫氏が自殺した。

赤木氏は、財務省の職員だったがエリート官僚ではない。ノンキャリアの一般公務員で、良心の呵責《かしゃく》に耐えられなかったことが自殺の原因とみられる。

妻の赤木雅子氏は、2020年3月18日に、国と佐川元局長に対して損害賠償請求を起こした。それに対して、国は2021年12月15日に争うことなく、1億円あまりの請求を受け入れる「認諾《にんだく》」という行動に出た。佐川局長が裁判所で証言することを防ぐために、約1億円のコストをかけたのだ。もちろん、その原資は国民が支払う税金だ。

その一方で、大阪地裁は「国が賠償をする以上、佐川元局長が個人として賠償を行なう必要はない」として、2022年11月25日に佐川元局長本人への請求を棄却した。

赤木雅子氏は引き続き佐川元局長の証人尋問を求めて、大阪高裁に控訴した。その控訴審で、雅子氏は、権威ある大学教授の意見書を提出したい旨を裁判所に申し出た。裁判所はそれを受け入れ、弁論期日を決めようと、佐川元局長の弁護士にスケジュールを打診した。そこで佐川元局長の弁護士が驚くべき発言をした。

「意見書の提出を1カ月ぐらい前倒ししていただきたい。佐川は訴訟が継続して就職活動もできない状態になっており、長引くことがダメージになっております」

重大な罪を犯したにもかかわらず、刑事でも一切罪に問われなかったうえに、5000万円近い退職金を受け取り、さらに天下りまであきらめない。これが、官僚が受け取る報酬制度の本質なのだ。

ちなみに、大阪高裁は、2023年12月19日、一審に続いて、佐川元局長への損害賠償請求を棄却する判決を下している。

セクハラしても〝無問題〟

官僚になるためには、各省庁での面接に合格しなければならないのだが、その前に官僚向けの国家公務員採用試験に合格する必要がある。この試験は難関だが、たった一度のペーパーテストで候補者を選んでしまうため、1割くらいポンコツや変人が混じってしまう。

私が勤務していた経済企画庁にも何人か、変人がいた。その変人も、ほかの官僚と同様に猛スピードで昇進していく。

ある計画官（課長職）の机の上には、つねに『女子高制服図鑑』が積まれていた。

彼は、新卒の官僚が入庁してくると、そのなかで自分の好みの男性官僚に声をかけて、どこかに連れ出す。そして、一眼レフカメラで写真を撮りまくるのだ。ジャニー喜多川氏のミニチュア版のようなことをしていた。

いまなら確実にセクハラ行為で犯罪なのだが、連日そんなことを繰り返していても、彼がお咎めを受けることは一切なかった。40年ほど前の話ではあるが、そうしたセクハラは最近まで繰り返されている。

２０１８年4月19日号の「週刊新潮」は、財務省の福田淳一事務次官が、飲食店で女性記者に対して「抱きしめていい？」「胸、触っていい？」「手、縛っていい？」「浮気しようね」などとセクハラ発言を繰り返していたと報じた。

麻生太郎財務大臣（当時）は当初、福田次官を口頭注意にしたが、処分自体は必要ないとの認識を示していた。

ところが、「週刊新潮」がニュースサイトで音声データを公開し、福田次官もそれが自分の声であることを否定しなかったため、福田次官は辞職を申し出さざるをえなくなった。

それでも福田氏に刑事罰が与えられることはなく、行政処分でも6カ月間の20％減給（141万円）の処分となり、退職金を規定の5319万円から5178万円に減額されるだけに終わった。

ほとぼりが冷めた2021年4月28日、ネット金融大手SBIホールディングスが、福田淳一元次官を社外取締役として迎える人事を発表した。世間を大騒ぎさせる事件を起こしながら、きっちりと天下り先も確保したのだ。

一等地でも激安家賃

私は日本専売公社から出向する形で、1984年から1986年までの2年間、経済企画庁総合計画局の労働班で働いていた。

労働班のメンバー5人のうち、私だけが傭兵（人事上は、委嘱調査員と呼ばれていた）で、残りは全員キャリア官僚だった。それとは別に1人のアルバイトの若い女性が勤務していた。

ある日、そのアルバイト女性を紹介してほしいと農水省出身の官僚が申し入れてきた。どうも彼女に一目惚れしてしまったらしい。農水省出身の官僚はとても真面目で、誠実な男だったので、私は連絡先を教えてよいかアルバイト女性に尋ねた。

彼女は、官僚制度についてまったく知識がなかったので、私が報酬や住宅など、官僚の処遇について詳しく説明した。

彼女は申し入れを受け入れ、その官僚との交際が始まった。たしか1年足らずの交際期間を経て、2人は結婚し、彼女は専業主婦として家庭に入った。

新婚生活が始まってすぐ彼女から私に怒りの電話がかかってきた。

「支給される給与が思っていたよりずっと低いんです。森永さんは『彼は高給官僚だから生活の心配はない』と言ってたじゃないですか。この嘘つき」

私は、彼が「高級官僚」だとは言ったが、「高給官僚」だとは言っていない。若い官僚の給与自体は、一般公務員とたいして変わらないのだ。

ところが、彼女からの苦情はその1回きりで、その後、繰り返されることはなかった。本人に聞いたわけではないのだが、高級官僚にはさまざまなフリンジ・ベネフィットがあることにその後、気づいたからだろう。

私が最初に官僚のフリンジ・ベネフィットを目撃したのは、中学校1年生のときだった。同級生の親が警察庁の官僚で、彼が住む官舎に遊びに行くと、付け届けが天井まで積みあがっていた。おそらく家族が半年間食べ続けられるくらいの量で、それだけで食費は大きな節約ができる。

家計の節約という意味では、官舎の家賃がとてつもなく安いことも大きい。

2013年12月に財務省が発表した「国家公務員宿舎使用料の見直しについて」という資料によると、宿舎全体の平均である築26年の東京23区内の宿舎の家賃は、独身用が8600円、係長・課長補佐の世帯用で2万7900円、幹部の世帯用が6万5700円となっている。

公務員住宅の家賃が安いという話をすると、すぐに出てくる反論がある。

公務員住宅はオンボロで、とても民間では入居者が集まらないような物件だというものだ。

ただ、それは一般公務員の話で、官僚である程度の地位まで昇進すれば、官舎は都心の一等地になることが多い。その家賃は、民間物件の半分から3分の1ほどだ。さらに駐車場も平置きで5000円になっている。これも激安なのだ。

ちなみに、私も結婚直後に川崎市の2DKの社宅に入居したが、当時の家賃は

7200円、平置きの駐車場は無料だった。

さらに霞が関の中央官庁にはそれぞれ職員食堂があり、格安で昼食を食べられる。私が経済企画庁で働いていたときは定食が300円程度だった。いまでも500円程度だろう。

このように、官僚の生活コストはとても安く抑えることができる。ただ、これらはあくまでも表向きのフリンジ・ベネフィットだ。民間の大手企業でも福利厚生が手厚いところはある。

しかし、官僚本人には、表に出ない形で、かなりの額のフリンジ・ベネフィットがついて回るのだ。

毒まんじゅうの餡はカネ、皮は…

官僚本人が受け取る非合法のフリンジ・ベネフィットが「収賄《しゅうわい》」だ。高橋洋一教授は、それを「毒まんじゅう」と呼び、「毒まんじゅうの餡《あん》はカネで、皮はオンナでできている」と言った。

まず、カネのほうから見ていこう。カネと言っても、現金をそのまま官僚に渡すことは滅多にない。そんなことをしたら、すぐに足がついてしまうからだ。

もっとも一般的な毒まんじゅうの餡は接待だ。

所管する業界が官僚を招待して、飲食を提供する。高級レストランや料亭が利用されることが多い。そうした接待を積み重ねることで、補助金の支給や規制緩和など、業界に有利になる見返りを期待するのだ。

私が日本専売公社に入社して、最初にした仕事は、大蔵官僚の飲食代を経費処理することだった。

官僚が銀座で飲んだときの請求書が専売公社に送られてくる。その請求書に合うように、私と私の関係者が飲食したように偽装して、専売公社の「会議費」として経費処理をするのだ。

つまり、大蔵官僚はいつでも好きなところで、好きなだけ飲食して、その費用を所管業界に付け回せばよいという仕組みになっていたのだ。

毒まんじゅうの「皮」についても、私は一度だけ関わったことがある。

44年前、まだ東京の渋谷には、円山花街《まるやまはなまち》という花柳界《かりゅうかい》がわずかに残っていた。そこに大蔵官僚を招待して芸者さんの踊りを楽しみながら飲食をした。

宴の終盤、大蔵官僚は襖一枚で隔てられた隣の部屋に誘導された。そこには布団が敷かれていて、若い女性が寝ていた。私は瞬時に、これから何が起きるのかを理解した。

私は専売公社の課長代理についこう言ってしまった。

「大蔵省の人はいいですね」

「なんだ。おまえも行きたいのか？　だったら行けよ。ただし、おまえは自腹だから、あとで料金を支払えよ」

「あのぅ、おいくらですか？」

「30万円だな」

44年前の30万円だから、いまの物価で言うと50万円以上だろう。ちなみに私の初任基本給は12万8000円だった。

別の事例を紹介しよう。ある経済産業官僚が、視察で中国の百貨店を訪ねたときのことだ。アテンドに出てきた中国側のスタッフがこう言ったという。

「どれでもお持ち帰りになって結構ですよ」

「えっ。どんなに高い商品でも持ち帰っていいんですか？」

「そうではありません。女性店員の誰をお持ち帰りになっても結構です、という意味です」

彼がその後、どう行動したかはあえて書かないでおこう。


ちなみに届けられる毒まんじゅうの量は、抱えている補助金の額や許認可権限の大きさによって大きく異なる。

毒まんじゅうが多く届くのは、財務省、経産省、国土交通省などで、私が働いていた経済企画庁のプロパー官僚のところにはほとんど届かなかった。

というのも、毒まんじゅうの量と天下りポストの数には高い相関がある。

2022年度に総務省に届け出のあった再就職者数のランキングを見ると、財務省390人、国土交通省372人、法務省158人、経済産業省154人、厚生労働省144人、農林水産省126人、総務省83人となっている。

一方、環境省は13人、会計検査院は10人、消費者庁は3人、デジタル庁はゼロだ。

そうした事情を知っているのかどうかはわからないが、新卒者が入省したい省庁別人気ランキングと届けられる毒まんじゅうの量、そして天下りの数はほぼ比例しているのだ。

パワハラだって、やりたい放題

私が観察するに、官僚にはほかにも金銭面以外の大きなフリンジ・ベネフィットがあった。それが「パワハラやり放題」ということだ。

「サラリーマン給与のかなりの部分は我慢料」と言われるほど、宮仕えの仕事は上司や取引先からの理不尽な要求への対応が大半を占める。ところが、官僚だけはやりたい放題なのだ。

日本専売公社で主計課勤務時代、毎年恒例の製品ラインアップお披露目のために、担当の大蔵省主計局大蔵二係を訪ねたときのことだ。パネルに販売する製品をきれいに貼り付けたディスプレイを一瞥した大蔵省の主査が私にこう言った。

「俺が吸っているパイプタバコがないじゃないか」

そのパイプタバコは輸入品で、専売公社の製品ではなかった。ただ、当時は専売制度だから、輸入品も含めて専売公社はすべてのタバコを扱っていた。主査のご機嫌を損ねないように、「申し訳ありません。明日、お持ちします」と言って、本社に引き返した。

ところが、営業部門に問い合わせると、特殊なタバコなので会社に在庫がないという。困って、あちこち確認してみると、横浜の保税倉庫には、輸入したばかりの製品があることがわかった。

私と係長は、その日の夜、横浜の保税倉庫に潜入し、主査のためにそのタバコを1箱だけ盗み出した。

そのあと、すぐに返却して、われわれの「犯罪」が発覚することはなかったのだが、主査はどうしてもタバコ1箱が欲しかったわけではなかったと思う。単なる思い付きで発言し、われわれが右往左往する様子を楽しんでいたのだろう。

私がシンクタンクに転職したあとも、官僚のパワハラは続いた。

通産省の産業政策局から委託調査を受注していたときのことだ。その日、珍しく機嫌のよかった課長が言った。

「自宅に招待してやるから、いまから来い」

課長の家は赤坂のタワーマンションの高層階だった。

私が駆けつけると、課長は部下や関係者を集めて、オードブルと高級ワインを振る舞っていた。課長が私にワイングラスを手渡してきた。どうやらグラス1杯で数万円もする超高級ワインらしい。私が口に含むと、課長が聞いた。

「どうだ、うまいか」

私は、ウソをつかないことにしている。一度ウソをつくと、そのウソを守ろうとして、収拾がつかなくなるからだ。私は正直にこう答えた。

「500円のワインとの差がボクにはわかりません」

それを聞いた課長はブチ切れた。

「森永はそこの小部屋に入れ。もう一度イチから勉強だ」

そう言ってワインの基礎知識を書いた本を投げつけてきた。

その本はフランス語で書かれていたので、私は宴が終わるまで、小部屋のなか、ひたすら読めないフランス語の本を見続けていた。

私のパワハラ受難事件

私にはもう1つ、ワインの思い出がある。経済企画庁に勤務していたとき、私は局長のカバン持ちとして、日仏経済専門家会議に出席した。

帰国の途につく前に、局長は免税でも1本数万円はする高級ワインを数十本買い込んだ。ワインを収納した木枠は半ダースほどあったと思う。日本に戻る航空機の局長の座席はファーストクラスだったが、それでも完全な重量オーバーだ。

航空会社の手荷物預かりでそのことが発覚した。ヨーロッパ便で重量オーバーをすると、10数万円の追加料金を取られてしまう。

局長は、見送りに来ていた大使館員になんとかしてくれと依頼した。その後、どこで何が起きたのか私は知らない。ただ、ものの10数分で、手荷物カウンターの航空会社社員は、局長の荷物を無料で通過させた。

成田空港に到着すると、局長が私にこう言った。

「免税枠を大幅に超過しているから、キミが通関の作業をしなさい。税金分は払ってやるから」

台車にワインを載せて、税関を通過しようとすると、税関職員が私にいろいろ聞いてきた。当然だ。若造が明らかに分不相応の高級ワインを大量に持ち込もうとしている。どう考えてもあやしいのだ。

「なんでこんな大量のワインを持ち込むんですか？　何に使おうとしているんですか？」

私は「おまえのところの高級官僚に命じられて、運び屋をやっているんだよ」というセリフが喉元まで出てきた。局長は大蔵省からの出向者だった。

ただ、反論をぐっとこらえて、私はなんとか税関での言い逃れに成功した。そして、局長車のトランクに汗だくになりながらワインを積み込むと、局長は「ご苦労さん」と言って、経済企画庁に戻っていった。成田空港に取り残された私は、その後、電車で経済企画庁に戻った。

最後に、もう1つだけパワハラの事例を挙げよう。

シンクタンク時代、私は文部省（当時）から将来の分野別高等教育需要を予測する仕事を請け負った。もちろん、文部省お抱えの学者からの指導は受けていたが、珍しく「結論」ありきではなく、純粋に予測をする仕事だった。

私は、マクロ経済の予測とそのなかでの産業別構造変化に基づいて、学部別の就職需要と入学需要を示すモデルを作って、シミュレーション結果をクライアントの文部省に提出した。

ところが、1週間ほど経って、文部省の担当者から電話があった。

「森永が複雑で高度な数学を使ったモデルを作り、文部省を騙そうとしていると言って課長が怒っている」

もちろん、私もクライアントの要請に基づいて高度な数学を駆使したモデルを作ることはある。

しかし、このときのモデルはとてもシンプルで、加減乗除しか使っていなかった。丁寧に読めば、中学生でも理解できるレベルのモデルだったのだ。

私はすぐに文部省に飛んでいき、担当者にそのことを伝えた。担当者は、一緒にプロジェクトを進めてきた仲間だから、私の主張をすぐに理解してくれた。ただ、担当者は理解してくれても、課長の怒りをどうにかしないといけない。

「課長と直接話をさせてください。そうすればご理解いただけますから」

そう伝えると、担当者は「それは難しい」と言う。すったもんだの挙げ句、ようやく係長とは話ができることになったのだが、怒っているのは課長だから、係長では埒が明かない。

私が係長に「やっぱり課長と話をさせてください」と言ったとたん、係長はこう怒鳴った。

「出入りの業者が課長と直接話ができると思っているのか！」

最大のフリンジ・ベネフィットは日本丸の舵取り

私が経済企画庁で勤務したときの身分は委嘱調査員という「傭兵」だった。

だから、私にはなんの権限もなく、当然、天下り先が用意されるわけではないし、公務員住宅が利用できるわけでも、付け届けが来るわけでもなく、毒まんじゅうのオファーもなかった。

これは私の特殊事情だが、出向期間中に専売公社が民営化されて、予算措置がなされていなかったために、残業代さえ1円ももらっていなかった。私の受け取る報酬は、ほぼ基本給だけだったのだ。

ただ、それでも私は毎日深夜まで働き続けた。楽しかったからだ。

通常は、傭兵に重要な仕事がまかされることはない。しかし、私が働いていた総合計画局労働班の副計画官（課長補佐）が、内閣外政審議室を設置するための要員として異動することになった。後任の補充はなかった。

残されたメンバーのなかで私が一番年長だったという理由だけで、私は副計画官の業務の大部分を引き継いだ。中央官庁の仕事は、事実上、課長補佐が取り仕切る。だから、私の仕事の責任は一気に重くなった。

経済企画庁というのは、直接の許認可権限を持つのではなく、各省庁の政策のすり合わせをする「総合調整官庁」だ。

たとえば、総理大臣の国会答弁を書くときも、関連する省庁からの出向者とまず調整をする。そこでできあがった国会答弁案を「合議」と言って、それぞれの出身省庁との最終調整に入る。その調整に相当な時間がかかるため、勤務は毎日深夜に及ばざるをえない。その結果として、待機時間中に、暇な時間が大量に生まれるのだ。

その時間を私はボンヤリすごしたわけではなかった。

幸か不幸か、経済企画庁には、各省庁から官僚が集結している。まれにポンコツもいるが、大部分の官僚はとても優秀で、出身省庁の政策に精通していた。

私は、彼らと日本をどのようにしていったら国民が幸せになれるのか、毎晩、徹底的に議論した。毎日、「朝まで生テレビ！」をやるようなものだ。

これがじつに楽しかった。当時は、政治家というのは素人だし、大臣はコロコロ変わるから、〝日本丸〟の舵取りをするのは、自分たちしかいないと本気で思っていた。実際、官僚たちは、出身官庁に戻ったら、実際の政策決定や遂行に関わることになる。

政策決定をするのは政治家ではないか、と多くの人は思うかもしれない。たしかに法律を成立させる立法権は国会が受け持っている。しかし、その法案のドラフトを描いているのは官僚なのである。前述の髙橋洋一氏はこう解説している。

国会に提出される法案には2種類ある。
内閣が提出する政府提出法案と、衆議院あるいは参議院の議員が提出する議員提出法案だ。

この政府提出法案は官僚がつくっているのだ。しかも、議員提出法案でも、官僚が作成に加わっている場合が結構ある。また、法律として成立するのは政府提出案のほうが圧倒的に多い。これらを考慮すると、日本の法案は8割以上、官僚がつくっているといっていい。

さらに、これは今に始まったことではなく、明治時代の明治政府から続いていることである。（『大手新聞・テレビが報道できない「官僚」の真実』SB新書）

だから、単なる妄想を語り合っているのではなく、われわれの議論は、実現可能性の高い日本のグランドデザインを描くことにつながったのだ。

「自分の考えが日本の未来を変えられる」

〝日本丸〟の舵取りができるというのは、お金や待遇を度外視しても、この上なく楽しいことだった。

だから、私は官僚としてのフリンジ・ベネフィットを一切受け取ることがなくても、毎日、粉骨砕身で深夜まで働き続けることができた。私だけではない。多くの官僚たちが身を粉にして働き続けた。

そうした官僚の強い使命感が、焼け跡から出発して、奇跡の高度経済成長を実現した原動力の1つだったことは間違いないのではないだろうか。

第3章 官僚の生態系に何が起きているのか？

官僚制度に逆風が吹き始めたきっかけ

敗戦後の日本のグランドデザインを描き、奇跡の高度経済成長を実現するなど、うまく機能していた日本の官僚制度に逆風が吹き始めたのは１９８０年代のことだった。行政改革機運が国中で盛り上がったのだ。

１つのきっかけは、１９８１年に土光《どこう》敏夫経団連名誉会長を会長に招いて発足した第二次臨時行政調査会だ。この調査会が、三公社（国鉄、電電公社、専売公社）の民営化や地方議会定員の削減などを盛り込んだ答申を次々にまとめたのだ。

もう１つは、大蔵省が「財政再建元年」を打ち出したことだ。

それまで国債をほとんど発行していなかった日本は、１９７３年の石油危機がもたらした深刻な不況を克服するため、大規模公共事業を行ない、その財源を国債発行に求めた。

国債の満期は10年のものが圧倒的に多く、10年後には元本を返済しなければならない。だから、歳出削減が必要だと大蔵省が言い出したのだ。

詳しくは『ザイム真理教』でも述べたとおり、本当は、満期が来たら新しい国債に借り換えればよいだけの話なのだが、東大法学部が支配する財務官僚は、経済や金融がまったくわかっていなかった。

さらに、マスメディアも行革ブームを支えた。先頭を走ったのは産経新聞だった。行革の必要性を紙面で訴え続けたのだ。

そのなかで最初に大きな反響を呼んだのが、1983年に報道した東京・武蔵野市職員の4000万円退職金問題だった。市民感覚からかけ離れた高額退職金を追及する報道は、同市職員の退職金引き下げのきっかけとなった。

ノーパンしゃぶしゃぶ事件の真相

行革ムードは長期間続いたが、その決定打となったのが「ノーパンしゃぶしゃぶ事件」だった。

1998年に大蔵省の職員が、東京都新宿区歌舞伎町のノーパンしゃぶしゃぶ店「楼蘭（ローラン）」で銀行から頻繁に接待を受けていたことが発覚したのだ。

ノーパンしゃぶしゃぶというのは、パンツを穿かないミニスカート女性が接遇をする一種の風俗店だ。床が鏡張りになっていて、女性の生身の下半身が映っている。それを覗き込みながら、しゃぶしゃぶを食べて、酒を飲む。そのあまりに醜悪で下品な官僚の姿を想像して、国民の怒りは頂点に達したのだ。

また、この当時、大蔵金融検査部のOBと現役の検査官がメンバーとなっている「霞桜会《かおうかい》」という親睦会の存在もクローズアップされた。霞桜会の会員数は400名あまりで、会には「霞桜会会員名簿」が存在する。名簿には会員の所属が記されていて、OBの多くが銀行、証券会社、ノンバンク、生保、損保などの金融機関に天下っていることがわかる。金融機関はこの名簿をもとに接待を行なうのだ。

ある大手都銀MOF担（森永注：Ministry of finance ＝大蔵省を担当する銀行や証券会社のエリート社員）はこう明かす。

「確かに霞桜会名簿は、接待に欠かせません。ただ、それだけじゃ足りないんです。検査官の名前のわきに、学歴、誕生日、出身地、家族構成と名前、奥さんの出身校、酒量、女の趣味、ゴルフのハンディまでぎっしり書き込んで、やっと完全な名簿になる」

中元、歳暮だけでなく、誕生祝いや入学祝いを贈る「元本」というわけだ。「この名簿を見て、奥さんに誕生祝いの花を贈った同じ日に、検査官をソープランドで接待したこともあった」（同ＭＯＦ担）という。（略）ある都銀のＭＯＦ担ＯＢは「霞桜会なんて、完全に官民癒着のための組織ですよ。接待する側とされる側が一緒に会員になっているんですから」と語る。（「週刊現代」１９９８年2月21日号）

国民の怒りの矛先は「接待は絶対に許さない」ということだけでは収まらず、政治も厳罰に動かざるをえなくなった。官僚の逮捕者は７人に及んだ。

日本道路公団経理担当理事（大蔵省ＯＢ）、大蔵省証券局総務課課長補佐、大蔵省証券取引等監視委員会上席証券取引検査官、大蔵省金融検査部金融証券検査官室長、大蔵省金融検査部管理課課長補佐、日本銀行営業局証券課長などの７人だ。

彼らは起訴され、執行猶予付きの有罪判決が確定した。実刑こそ免れたものの、「官僚は何をしても有罪にならない」という慣例が破られたのだ。

影響は政界や大蔵省幹部にも及んだ。辞任に追い込まれたのは、三塚博大蔵大臣、松下康雄日銀総裁、小村武大蔵省事務次官、山口公生大蔵省銀行局長、杉井孝大蔵省銀行局担当審議官、長野厖士大蔵省証券局長、中島義雄大蔵省主計局次長、大蔵省銀行局保険第一課課長補佐と大物ばかりだった。そのほかにも多数の官僚が辞任した。さらに大蔵省、日本銀行、都市銀行から3人の自殺者まで出したのだ。

じつは、ノーパンしゃぶしゃぶで官僚に渡った毒まんじゅうは、全体から見たら氷山の一角どころか、無視できるほど小さな金額にすぎない。

しかし、そのあまりに破廉恥な内容に世間は大きく反応したのだ。ちなみに、一切報道されておらず、本人たちの証言もないのだが、当時の事情に詳しい人の話によると、楼蘭でのサービスは、ノーパンでしゃぶしゃぶを提供するだけではなかったという。ノーパンの女性はあくまでも顔見世で、官僚たちはそのなかから好みの女性を選んで歌舞伎町のシティホテルに連れ込んで、事に及んでいたそうだ。

その話を聞いて、私の頭によみがえったのは、40年前に渋谷の円山花街で、宴の部屋の隣で布団を敷いて寝ていた若い女性の姿だった。官僚は40年間も同じようなことを繰り返していたのだ。

「大蔵省」から「財務省」へ

ノーパンしゃぶしゃぶ事件は、官僚優遇システムにも甚大な影響を及ぼした。

たとえば、大蔵官僚には20代後半で税務署長を務める人事慣行があったが、そのことが過剰なエリート意識を生んだり、接待漬けの温床になっているとの批判が高まり、1999年度から「原則として税務署長に出すのは35歳以後」と人事方針が変更されたのだ。大蔵官僚の生態系にも少しずつ変化が生まれてきた。

そして、ある意味で行政改革の総仕上げとなったのが、森喜朗内閣の自公保（自由民主党、公明党、保守党）連立政権の下で2001年1月に実施された中央省庁の再編統合だった。

この改革で、厚生省と労働省が合併して厚生労働省になったり、運輸省、建設省、国土庁、北海道開発庁が合併して国土交通省になるなど、1府22省庁が1府12省庁に再編された。

ノーパンしゃぶしゃぶ事件の主犯である大蔵省も無傷ではいられず、財金分離で金融庁が別組織として分離され、何より「大蔵省」という大蔵官僚にとって愛着のある組織名が「財務省」に変更されたのだ。

中央省庁再編の目的は、表向きは「縦割り行政による弊害をなくし、内閣機能の強化、事務および事業の減量、効率化」だったが、その真意は、官僚たちの利権を厳しく取り締まることだった。

組織再編のほかにも、官僚優遇を支えたさまざまなシステムが変更されることになった。

たとえば、公務員住宅の家賃については、東京23区の場合、2014年度から独身用8600円が1万3400円（56％アップ）、係長・課長補佐用2万7900円が4万8100円（72％アップ）、幹部用6万5700円が11万6300円（77％アップ）と、大幅な値上げが行なわれたのだ。

毒まんじゅうに関しては、統計など存在しないが、それまで日常茶飯事だった付け届けや接待は激減し、女性をあてがうことはほとんどなくなった。

ただ、2024年7月10日、海上自衛隊の潜水艦修理にからんで川崎重工業が海上自衛隊員に金品や飲食を不正に提供していた疑惑で、川崎重工が架空取引で捻出した裏金が年間約2億円にのぼることが明らかになったことからもわかるように、毒まんじゅうが完全に消えたわけではない。ただ、私の実感でいうと、けた違いに少なくなったことは間違いないと思う。

「天下り規制」を無力化する仕組み

官僚に対して世間が厳しい目を向けるようになったことが原因で、2008年12月31日に改正国家公務員法が施行されて、天下りに対する規制が大幅に強化された。それまでの再就職に関する規制は、離職後2年間、離職前5年間に在職していた国の機関と密接な関係のある営利企業の地位への再就職が原則禁止されていたのみだった。

ところが、改正法によって、

①現職職員による再就職あっせんは全面禁止

②現職職員による利害関係企業等への求職活動を規制

③退職職員の働きかけを禁止

これらの規制が新たに開始されたのだ。

【再就職に関する規制等】

・再就職あっせんの禁止…各府省等職員が職員又は職員であった者について、営利企業等に対し再就職のあっせんを行うことは禁止されています。

・現職職員の求職活動規制…職員が利害関係企業等に対して求職活動を行うことは禁止されています。

・退職職員の働きかけ規制…再就職者が、離職前5年間（それ以前の課長級以上の職への在職期間も含む。）の職務に関し、離職後2年間（自らが決定した契約・処分については期限の定めなく）、在職していた局等組織等に属する役職員に対して働きかけを行うことは禁止されています。

もちろん官僚にとって、天下りは自分たちの生涯報酬を高めるための最大の手段だから、そう簡単に利権を手放すわけにはいかない。

だから、2008年の国家公務員法改正には、規制を無力化する仕掛けがこっそり仕組まれていた。

まず、天下りそのものを禁止したのではなく、天下りの「あっせん」を禁じたことだ。また、あっせんに関しても、新たに設立した「官民人材交流センターへ一元化」しただけで、禁止ではなかった。そのほかにも規制逃れのさまざまな抜け穴があるザル法を作ったのだ。総務省が公表している再就職者数の推移を見ても、法改正後の数年間は混乱のために天下りは減っているものの、その後、見事に復活し、最近ではむしろ増えているのが現状だ。

それでも、かつてのように許認可権を盾に強引に天下りポストを所管業界に要求し、再就職先での極端な厚遇を得ることが難しくなってきていることは間違いない。

天下りシステムは量的縮小ではなく、質的低下を招いているのだ。

財務官僚は治外法権

大蔵省のノーパンしゃぶしゃぶ事件をきっかけに国民の怒りが爆発したことに端を

国家公務員の再就職者数の推移

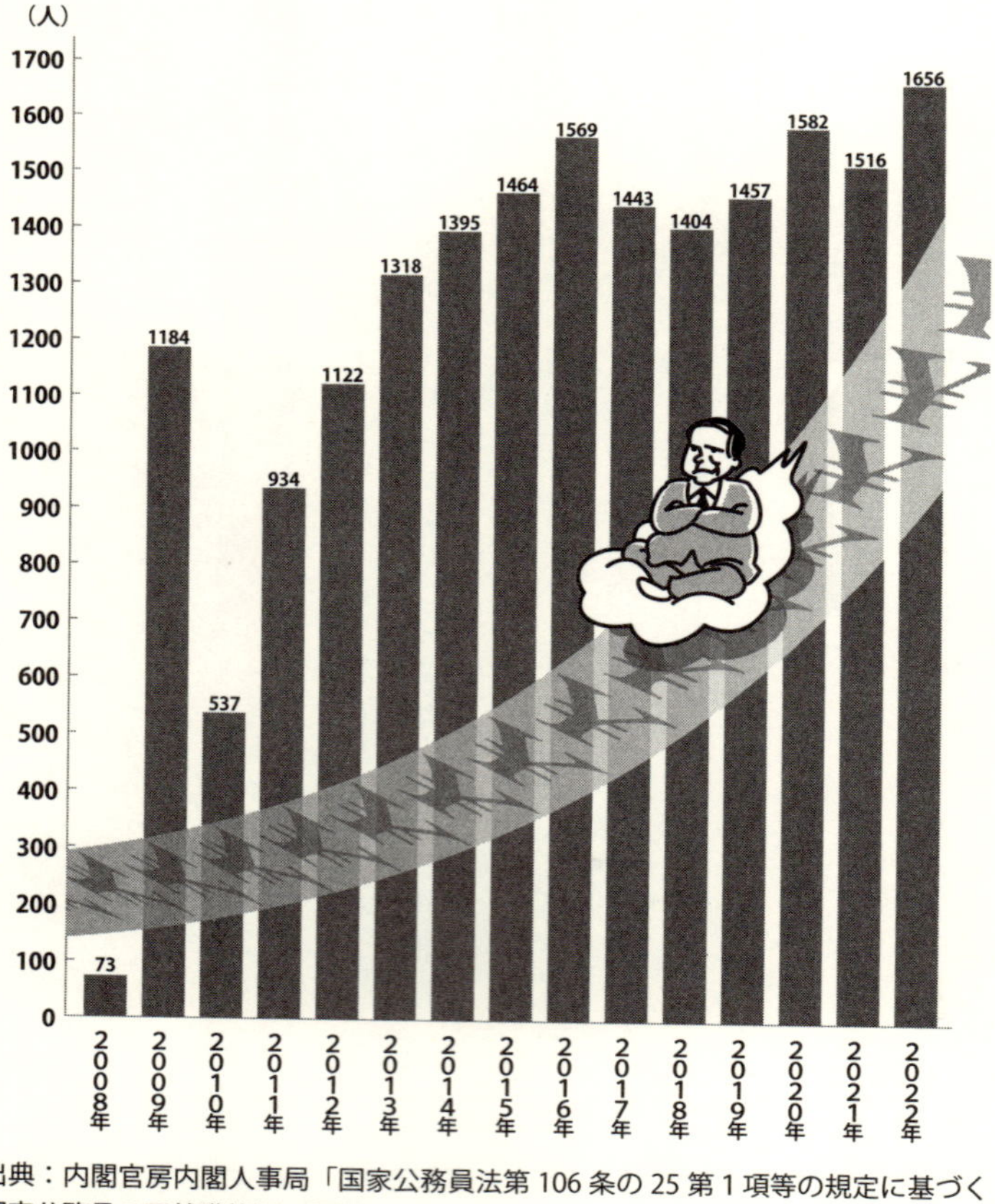

出典：内閣官房内閣人事局「国家公務員法第 106 条の 25 第 1 項等の規定に基づく国家公務員の再就職状況の報告」

発した公務員制度改革で、官僚の生態系は大きく変化した。

だが、現実には改革の波にほとんど影響を受けなかった官僚がいる。それが皮肉にも財務官僚だった。極論すると、いまや官僚は従来型の利権を維持・拡大し続ける財務官僚と、利権の多くを失った財務省以外の官僚に二極化していると言っても過言ではないだろう。

たとえば、財務省はいまだにありあまるほどの天下り先を維持しているのだが、天下り先の処遇もけた違いだ。

2024年8月26日付のダイヤモンドオンラインは「財務省出身の社外取締役『報酬』ランキング」と題する清水理裕《まさひろ》編集委員の記事を掲載している。

ここでは新しい天下りの形として存在感を高めている企業の社外取締役就任の報酬に焦点が当てられている。


国の予算案作成を担い徴税権も持つことから、「最強の官庁」として君臨している財務省。上場企業の社外取締役になっているOB・OGは101人に上り、12ある府省の中で最も人数が多かった。（略）ダイヤモンド編集部推計の役員報酬の

財務省出身の社外取締役「報酬」ランキング

順位	氏名（年齢）	社名	兼務社数	推計報酬額の合計（万円）	役人時代の主なポスト
1	藤井眞理子(69)	三菱 UFJ FG など	2	4,471	在ラトビア特命全権大使（旧大蔵省）
2	渡辺博史(74)	オリックスなど	2	3,325	財務省財務官
3	勝栄二郎(73)	ANA HD など	2	3,229	財務事務次官
4	五味廣文(75)	アイダエンジニアリングなど	4	2,654	金融庁長官（旧大蔵省）
5	星野次彦(64)	アイシンなど	2	2,263	国税庁長官（財務省主税局長）
6	田波耕治(84)	ジャフコグループ	1	1,900	大蔵事務次官
7	木下康司(67)	日本取引所グループ	1	1,840	財務事務次官
8	井戸清人(73)	クラレなど	2	1,824	日銀理事（財務省国際局長）
9	百嶋　計(65)	大阪ソーダなど	2	1,730	財務省大臣官房審議官
10	古澤満宏(68)	三菱重工業	1	1,667	財務省財務官
11	中村明雄(68)	東京センチュリー	1	1,650	財務省理財局長
11	杉江　潤(67)	IDOM など	2	1,650	東京国税局長
13	中島秀夫(68)	日本酸素 HD	1	1,613	公取委事務総長（財務省）
14	真砂　靖(70)	日本テレビ HD	1	1,600	財務事務次官
14	佐藤　譲(80)	日本テレビ HD	1	1,600	防衛事務次官（旧大蔵省）
16	南木　通(71)	オオバなど	2	1,529	東京税関長
17	藤井秀人(76)	商船三井	1	1,500	財務事務次官
18	山崎穣一(69)	東海東京フィナンシャル・HD	1	1,440	国税庁税務大学校長（財務省近畿財務局長）
19	福田淳一(64)	SBI HD	1	1,433	財務事務次官
20	振角秀行(69)	太平洋セメント	1	1,340	財務省財務総合政策研究所長

出典：「ダイヤモンドオンライン」2024 年 8 月 26 日

総額で１０００万円を超えたのは、やはり最多の40人。トップの金額は４４７１万円に達した。（略）

「行政経験を積み、企業経営にも一定の理解がある元官僚の知見は貴重だ」（大手銀行幹部）との見方がある一方、「形を変えた事実上の天下りではないか」といった懐疑論も出ている。

トップの元財務官僚の報酬が４４７１万円というのは驚きだ。

というのも、現在の行政トップ・内閣総理大臣の年間報酬が４０３２万円だからだ。財務官僚は国のトップより高い天下り報酬を得ていることになる。

しかもこの表に掲載されているのは、社外取締役としての報酬のみだ。上場企業の社外取締役の報酬は、公開の義務がある。だからダイヤモンド社は、このランキングを作ることができたのだが、報酬を公開する義務がない事実上の天下り先がある。

それは企業の顧問だ。財務省ＯＢは、社外取締役だけでなく、複数の顧問も「兼業」することで、億を超える年間報酬を得ている人が少なくないと言われている。財務官僚の老後は、天下り先の不足で汲々としている他省庁の官僚とは、まったく異なるのだ。

また、ランキングの年齢欄を見ていただけるとすぐにわかるのだが、財務官僚が高報酬を受け取る天下り先での雇用は70歳を超えても続いていることが多い。民間のサラリーマンが60歳で定年になり、その後は年収が半分程度に激減するのとは大違いだ。

財務官僚とメディアのあやしい関係

ふつうであれば、こうした天下り利権は、マスメディアからの厳しい批判にさらされる。現にノーパンしゃぶしゃぶ事件の直後は、そうなった。

ところが、財務官僚の天下り利権が完全復活どころか、むしろ拡大しているのに、それを糾弾する大手メディアはほとんどない。その理由は、財務省とマスメディアの特殊な関係にある。

官僚は、新しい政策を推進したり、法律を作ろうというときに、関係者に対して説明(レクチャー)を行なう。

ふつうの省庁だと、レクチャーの対象は、総理をはじめとした関係閣僚や有力政治家に限られる。しかし、財務省だけが違った行動を採っている。彼らのレクチャーは、対象が幅広く、しかも深いのだ。

彼らのレクチャー（私は布教活動と呼んでいる）は、政治や行政の世界を飛び越えて、大手メディアやそこで活躍する言論人にまで及ぶ。これは財務官僚ならではの生態なのだ。

元財務官僚の髙橋洋一氏によると、財務省内では、社説などの新聞記事に関しては、内部で「品評会」が行なわれているという。そして、財務省にとって都合の悪い論調を見つけると、そのメディアにレクチャー部隊が出陣するのだ。

部隊は、単に財務省の政策に沿った報道をするように「ご説明」をするだけではない。財務省の背後には、国税庁という〝暴力装置〟が控えているため、財務省のレクチャーは事実上「脅迫」に近いものなのだ。

もっとも有名なのが、２０１１年から２０１２年にかけて東京新聞が行なった消費税増税追及キャンペーンだ。増税反対の旗を掲げて政権を奪取した民主党は、野田政権になって、消費税増税路線に舵を切った。これに対して東京新聞は社説などで真っ向から批判を繰り返した。そこに国税による異例の税務調査が入って、東京新聞を運営する中日新聞社に、約2億8000万円の申告漏れが指摘されたのだ。

また、財務官僚が産経新聞社にレクチャーに来たときのことだ。産経新聞には、田村秀男という優秀な論説委員がいるのだが、彼がたまたまその場に居合わせた。田村氏は飛び抜けて優秀な経済の専門家で、財務官僚が行なうレクチャーの矛盾を完全に論破してしまったそうだ。これは、直接ご本人から聞いた話なので間違いないのだが、その直後に産経新聞社には税務調査が入ってきたという。

もちろん、財務省批判と税務調査の因果関係を証明することはできない。ただ、メディアのなかで、因果関係があると広く信じられていることは事実だ。

実際、私が『ザイム真理教』の原稿を送って、出版を依頼した際、大手出版社は軒並み刊行を断ってきた。そのなかの一社の編集者は私にこう告げた。

「社長決裁まで行ったんですが、出版不況のなかで税務調査に入られたら、会社の経営自体がもたない。だから、どんなに意味のある本でも、その出版を引き受けることはできないというのが、最終的な経営判断だったんです」

報道機関は財務官僚に逆らえない

報道機関は税務調査に弱い。グレーな「取材費」がたくさんあるからだ。

私の父は、毎日新聞で新聞記者をしていた。毎日新聞社の経営が悪化して希望退職に応じる直前、父はアルバイトとしてアメリカの「ＴＩＭＥ」誌の翻訳をしていた。日本で売られている「ＴＩＭＥ」は英語のままなのだが、日本の読者のために巻頭に日本語のサマリー（要約）を付けていた時期があったのだ。

このサマリーの翻訳はとても難しい作業だった。日本に送信されてくるのは、英語で書かれたサマリーだけで本文は来ない。だから、サマリーに登場するあまり有名ではない人物の名前を日本語ではなんと表記しているのか、たとえば記事にある会社の「バイス・プレジデント」は、副社長なのか、部長なのかといった判断は、現場のことを知らないとわからないのだ。

しかも翻訳に費やせる時間は、数時間しかない。こうした問題を解決するため、父はふだんから多様な分野の専門家と飲食をともにして関係性を築いていた。そうしておけば、早朝や深夜でも、電話一本で話を聞けるからだ。

父は、その飲食の費用を経費として申告していたが、税務当局がそれを「私的遊興費」として否認するのはわけもないことなのだ。つまり、報道関係者の経費を認めるか認めないかは、国税調査官の胸三寸ともいえる。

結局、税務調査を恐れる報道関係者はいつの間にか、財務省の〝教義〟に従った記事を書くようになる。そのほうが安全だからだ。

そして、そのことを批判する評論家もほとんどいない。それは、財務省のレクチャーが情報番組のMCやコメンテーターにも及んでいるからだ。

古市憲寿氏の誤り

私が調査しただけでも、財務省のレクチャーは、情報番組のコメンテーターを務めるお笑い芸人にまで及んでいる。財務官僚のレクチャーが来ていないのは、私の知る限り、私とれいわ新選組の山本太郎氏だけなのだ。

一方、コメンテーターのほうも、財務省批判をしないどころか、財務省が喜ぶコメントを繰り返す。それが大手メディアに出続ける秘訣になっているからだ。

2024年8月25日の日本テレビ「真相報道バンキシャ！」にコメンテーターとして出演した社会学者の古市憲寿《のりとし》氏は、司会の枡太一氏から「次の自民党総裁に求められる資質」を聞かれて、次のように答えた。

「国民に嫌がられることをできるかだと思います。たとえば、減税というのは誰でもできる。ただ、日本の一番の問題は社会保障制度だと思う。団塊の世代が後期高齢者になり、2040年には団塊ジュニアも高齢者になる。そのなかで医療や年金などの社会保障費が莫大に膨らんでいく。いまの社会保障の仕組みは、若者が多かった1960年代、70年代に作られたものなので、もつわけがない。これまでの政権は全部、逃げてきた。そこに手を突っ込めるくらい圧倒的な人気を得て、国民の理解を得ながら社会保障改革を進めていけるトップになってくれたらいいなと思います」

一見、それっぽいコメントなのだが、古市氏の発言には、重大な事実誤認、あるいは歪曲が存在する。

日本の財政は、世界有数の莫大な借金を抱えており、これ以上財政赤字を増やすわけにはいかないから、社会保障改革が必要だ、というのが彼らの立場だ。社会保障改革というのは、給付のカットと負担増を意味する。

まず、財政状況に関していうと、岸田政権はとてつもない財政緊縮を進めてきた。安倍政権末期の2020年度、国の一般会計決算の基礎的財政収支は80兆円の赤字だった。財務省は、いまだにその事実を隠蔽し、この数字は、財務省のホームページのどこにも出てこない。経済財政諮問会議の配布資料に記載されているだけだ。

なぜ財務省がこの事実を隠すのか。それは、年間80兆円も赤字を出して、経済になんの問題も起きなかったことが国民に知られるとまずいからだ。

財務省はこれまで「財政赤字が拡大すると、国債が暴落し、円が暴落し、ハイパーインフレが日本を襲う」と説明してきた。というより、いまでもそう主張し続けている。しかし、80兆円という税収を大きく超える財政赤字を出したにもかかわらず、経済にまったく悪影響がなかったという事実は、財務省理論にとって致命傷になる「不都合な真実」だ。だから、国民の目にとまらないように隠ぺいするしかないのだ。

岸田政権が進めた財政緊縮によって、2025年度の赤字は4兆円にまで縮小する見通しだ。しかも2025年度予算は、税収を過少推計しているので、日本の財政はすでに単年度では実質黒字化されている。先進国でもっとも財政が健全なのは、日本なのだ。

にもかかわらず、岸田政権は、社会保障費のカットを冷酷非情に進めてきた。たとえば、政府は2025年度予算の概算要求基準で、社会保障費の自然増を4100億円とすることを決めた。自然体で計算すると高齢化に伴う社会保障費は年間1兆円ずつ増えていく。それを4100億円に圧縮しろというのは、残りの5900億円分を社会保障給付のカットか負担増で達成しろという話だ。社会保障費のキャップ制と呼ばれる仕掛けなのだが、これを政府は毎年続けてきた。

つまり、これまでの自民党政権は国民に不人気の社会保障カットという政策をこっそりと、しかし、とてつもない規模で実施してきたのだ。

古市氏は「減税は誰でもできる」と言うが、現実は「社会保障カットは誰にでもできる」が、この数年、「本当の減税は誰もできなかった」のだ。

2024年9月に行なわれた自民党総裁選挙でも、立憲民主党代表選挙でも、消費税の基本税率を引き下げると主張した候補者は、ただの一人もいなかったのだ。だから、「減税という政策は誰にもできない」というのが正しい政治家の評価だ。

私はここで古市氏を個人攻撃したいわけではない。メディアに登場する若手論客は、基本的に古市氏と同じ立場であり、その誤りを訂正したいのだ。

財務官僚が用意しているのは、税務調査というムチだけではない。アメも用意している。

財務省のレクチャーに忠実な論評を続けた言論人は、財務省関連の審議会委員として登用され、さらにそこで優秀な成績を収めると、事実上の天下り先さえ用意される。

また、消費増税容認に転じた大手新聞のために、消費税の税率が10％に引き上げられた際、宅配の新聞だけが8％の軽減税率を適用されるようになった。同じ報道の仕事をしているタブロイド紙や週刊誌の税率は10％に引き上げられたにもかかわらずだ。

結局、いまの官僚の問題は、こっそりと天下りを中心とした利権を拡大し続けている「財務官僚」の問題と、利権を減らされた「財務官僚以外」の問題に二極化しているといえるのかもしれない。

根こそぎ奪われた「官僚のやりがい」

私が官僚への最大の逆風となったと考えているものは「官邸主導」だ。

2001年に誕生した小泉純一郎政権は官邸主導を打ち出した。経済財政諮問会議を作って、そこで中長期を含めた予算の方向性を決める。官僚は、そこで示された枠組みのなかで具体的な政策を作ることになったのだ。

理屈としては正しい。内閣は、国民が選挙で当選させた国会議員を中心に作られる。とくに総理大臣は国会議員でなければならない。だから、民意を反映している。

一方、官僚は選挙の洗礼を受けていない。公務員試験、しかも入省時の1回だけの試験で優秀な成績を収めたというだけのことだ。だから、国の舵取りをするのは内閣でなければならないというのは正当な議論だ。

しかし、官邸主導は、官僚から最大のフリンジ・ベネフィットである政策作りの楽しさ、やりがいを根こそぎ奪うことになった。

それまで自由にストーリーやキャラクターを描いていた漫画家が、絵コンテまで渡されて、指示どおりのマンガを描くアシスタントにされたようなものだ。

私自身も、もし官邸の指示どおりに働けと言われたら、無報酬で深夜まで働く選択は絶対にしない。

もちろん給料分は働くだろうが、それが終わったら、さっさと家に帰る。私と同じように考えた官僚は多かったのではないだろうか。

カネ儲けのためならなんでもやる金融機関

そうしたなか、官僚の生態系に大きな影響を与える存在が登場する。若くして高額報酬を得られる仕事が次々に現れてきたのだ。

その典型が投資銀行だ。

投資銀行というと馴染みが薄いかもしれない。日本国内には完全な意味での投資銀行が存在しないからだ。アメリカでは、ゴールドマン・サックス、メリルリンチ、モルガン・スタンレー、そして経営破綻したリーマン・ブラザーズが四大投資銀行と呼ばれた。

投資「銀行」と呼ばれるから銀行と思われるかもしれないが、銀行ではない。会社名に証券とついているから証券会社と思われるかもしれないが、証券会社でもない。投資銀行というのは、カネを儲けるためだったら、なんでもやる金融機関だ。

その主要業務は、

①M&A

②デリバティブを活用した仕組債の開発
③トレーディング
である。

そう言うと、それっぽいが、その実態とは、
①企業の乗っ取り
②インチキ金融商品の開発・運用
③相場操縦
にすぎない。

もちろんそれらは法律の範囲内、あるいは逮捕されないギリギリのラインで行なわれる。

投資銀行の社員の給料は、日本法人の社員でも非常に高い。たとえば、新入社員の年収は1000万円を超え、業績を上げれば、30代でも年収1億円を軽く超える。最近まで勘違いをしていたのだが、年収1億円以上稼ぐ投資銀行の社員はとても優秀なのだと思っていた。

しかし、何人もの元投資銀行社員の話を聞けるようになって、考えが変わった。た

しかに彼らは優秀だが、偏差値で言うと65くらいの存在で、天才的な能力を持っているわけではない。

前述したような、私が見た天才たちが投資銀行社員に転ずれば、年収1億円コースは十分達成できる。たしかに投資銀行社員の仕事は、早朝から深夜まで続くハードワークだが、それは官僚でも一緒だ。

だから、魅力を失った官僚の地位を捨て、年収10倍の仕事に転ずる選択をする官僚は増えていく。

実際、人事院によると、採用後勤続10年未満で退職した官僚の数は、2022年度で177人と、現行制度での採用が始まって以降、2年連続で最多を記録した。ちなみに2013年度は116人だったから、急増していることは間違いない。

とはいえ、毎年官僚として採用される人数が、700人前後であることを考えれば、彼らはけっして主流とは言えない。

それでは多くの官僚は利権のはく奪という環境変化にどう対応したのだろうか。

次章では、急激な環境の変化に応じて、官僚たちがどう動いたのかを見ていくことにしよう。

第4章
官僚たちの生存戦略

享受してきたさまざまなフリンジ・ベネフィットが小さくなり、はく奪され、そして何より仕事そのものがつまらなくなったとき、官僚はその環境変化にどのように適応しようとしたのか。

彼らは新しい環境の下で、自らの利益を最大化する行動に走ったのではないだろうか。

女性官僚の増加という環境変化

その典型が、官僚自身のライフスタイル変化だ。

私が経済企画庁に勤務していた40年前、官僚は専業主婦を抱えるというライフスタイルが圧倒的多数を占めていた。

それは当然のことだった。勤務は毎日深夜に及ぶ。家庭を振り返っている暇はない。家事や育児は妻にまかせる以外にないし、転勤の際のさまざまな手続きなども、専業主婦に頼むしかなかった。つまり、官僚の妻というのは生活のパートナーというよりも夫が24時間働くことを支える後方支援部隊だった。銃後の守りを固めることが専業主婦の役割で、専業主婦のサポートとセットで、官僚のハードワークは存在していた。それ以外の選択肢はなかったとも言える。

ところが、官僚にとって大きな環境変化が起きた。女性官僚が大幅に増えたのだ。本省の課長・室長相当の管理職のうち、女性が占める割合は2018年で4・9%と、10年間で2・5倍以上に増えた。

民間とくらべたら、その割合は半分程度にすぎないのだが、官僚が男性ばかりだったかつての状況を思えば大きな変化だ。そして、そのことが「官僚同士の結婚」という新しい選択肢を生むことになった。

強欲すぎる定年延長

官僚同士で結婚すれば、世帯年収は30代で2000万円を超える。圧倒的なパワーカップルが誕生するのだ。しかも官僚はクビにならない。この高年収をずっと引っ張れば、とてつもない生涯年収が転がり込んでくる。

彼らがまず打ち出したのが「国家公務員の定年延長」だった。

国家公務員の定年年齢の引き上げは2023年4月に施行された「国家公務員法等の一部を改正する法律」によってすでに始まっている。

2023年まで国家公務員の定年年齢は60歳だったが、2024年度から61歳、2026年度から62歳と、2年ごとに1歳ずつ延長され、2032年度からは65歳になる。

高年齢者雇用安定法では、70歳までの就業確保が努力義務化されているが、継続雇用を希望しない労働者は、60歳になったら定年退職をすることは可能であり、必ずしも65歳までの正社員としての雇用を企業に対して義務づけてはいない。

実際、厚生労働省の「高年齢者雇用状況等報告（2022年）」によると、定年年齢を65歳としている企業は22・2%にすぎない。

そうしたなかで国家公務員の定年年齢を65歳にするというのは、民間準拠という国家公務員法の理念を打ち破る、かなり先進的な取り組みと言えるだろう。

さらに、具体的な制度を見てみると、公務員優遇は鮮明になる。

優遇の1つは、定年時の賃金低下が小さいということだ。

国家公務員の管理職層は、原則60歳時点で役職を解かれるが、給与は61歳以降も60

歳時の7割が支給される。また役職定年の年齢は一律60歳ではなく、それよりも高年齢のポストも作られる。

60歳定年の民間企業では、再雇用後の賃金は半分くらいに低下するのがふつうで、なかには3分の1という企業もあるなかで、これはとてつもない好待遇と言える。

もう1つの優遇は、もともとの定年年齢である60歳をすぎたあとに多様なライフスタイルが選べる設計になっていることだ。

60歳の時点で役所を辞めることもできるし、60歳時点でいったん退職し、短時間勤務職員として再任用されることも可能だ。しかもそのときの給与は、労働時間の減少分を減額されるだけだ。

民間企業の場合、短時間勤務者として再雇用されると、いわゆるパートタイマーと同程度の時給になってしまう場合が多いので、この差はとてつもなく大きい。

さらに退職金の計算では、60歳以降、何歳で退職しても定年退職扱いの退職金が支払われるうえに、減額前の俸給月額の最高額を考慮して退職手当の支給額を算定する「ピーク時特例」が適用される。

65歳の定年年齢で退職した場合、これまでの退職金が保証されるだけでなく、60歳以降勤務した5年間分の勤続年数に応じた加算もなされるのだ。まさにお手盛りというか、強欲がすぎると思われても仕方がないのではないか。

国家公務員の給料を高くするカラクリ

かつて国家公務員の給料はとても低かった。しかし、いまや民間とくらべてかなり好待遇を得るようになっている。

国家公務員の平均年収は公表されていないが、たとえば2023年8月に人事院が発表した「国家公務員給与等実態調査」によると、全職員の平均給与月額は41万2747円（実質的に2022年の平均給与）となっている。この統計には残業手当が含まれていないので、実際の平均給与はもう少し高いのだが、残念ながらデータが公表されていない。

また、内閣官房内閣人事局「国家公務員の給与（2022年版）」によると年間賞与が4・4カ月分となっているため、単純計算すると、国家公務員の平均年収は約677万円ということになる。

一方、国税庁の2022年分「民間給与実態統計調査」によれば、民間の平均年収は389万6000円だから、国家公務員のほうが74％も高い。

なぜ、こんなことが起きているのか。

国税庁の年収統計には非正社員が含まれている。だから、非正社員の比率の高まりとともに、平均年収は1996年の411万8000円をピークに直近では5・3％減っている。

ところが、国家公務員の月給は、この間の人事院勧告の給与改定率を積み上げると＋0・27％で、まったく減っていないのだ。

第1章で述べたように「国家公務員の給与」によると、本省課長のモデル年収は1260万円となっている（50歳）。一方、厚生労働省「賃金構造基本統計調査（2022年）」によると、民間企業の課長の平均年収は784万円、部長でも913万円だ。本省の課長を務める官僚は、民間企業の部長より年収が38％も高くなっているのだ。

国家公務員の給与を決める際には、事業所規模50人以上の事業所の正社員だけを選んで給与水準を調査し、そこに給与を合わせる仕組みになっている。

事業所というのは、支社とか工場とか営業所のような組織だ。その事業所の規模が50人以上というのは、企業としては、相当大きな企業だということになる。つまり、公務員の給与水準は、大企業の正社員と同じになっているのだ。

大企業の場合は、中高年になると、選抜競争に敗れた者は、次々に子会社などに出されるかリストラされてしまう。つまり、エリート公務員の給与は、実質的に民間の出世競争に勝ち残ったエリート中のエリートの水準に合わせられているというわけなのだ。

自動的に給料が20％増える仕組み

官僚が自分の給料を上げようとする取り組みは「地域手当」でも行なわれた。

人事院の給与構造改革によって2005年に地域手当が新設・導入され、物価や賃金の高い大都市で勤務する国家公務員に支給されることになったのだ。

地域手当は、大都市勤務者のみに支払われ、都市規模によって支給率が異なっている。7段階に分かれている支給率は、もっとも低い7級地の札幌市などは3％だが、東京23区のみが適用対象とされている1級地は20％となっている。つまり、東京23区の勤務者は、自動的に20％給料が増えることになる。それまでも「調整手当」という名前で、同様の手当は存在したが、調整手当は最大でも12％だった。

言わずもがなだが、霞が関に勤務する官僚は東京23区に勤務しているから、自動的に給料が20％増える。

また、彼らも地方の出先機関に一時的に転勤することがあるのだが、地域手当のつかない地域に転勤しても、3年間は地域手当が支給され続けることになっている。

一方、全体の4分の3を占める大都市以外に勤務する公務員には、地域手当は一切支給されていない。民間企業でも、地域手当は一般的ではない。2020年に厚生労働省が実施した調査によると、地域手当などの手当の支給割合は12・2％にすぎなかった。

公務員の給与は民間準拠が原則であるはずなのに、この手当については原則を無視する形で、中央省庁勤務の官僚だけが利益を得られる制度が導入されたのだ。

「円滑な労働移動」というまやかし

人が豊かさを得るための方法は2つある。1つは本人が獲得する報酬を引き上げることだ。もう1つの方法は、周りの報酬を引き下げることだ。

低所得の非正社員を爆発的に増やしたのは、2001年に発足した小泉政権の政策によるものだが、じつはその源流は1990年代から存在したと私は感じている。1980年代までは政府は、不況が来ても、雇用調整助成金などを使って従業員をクビにしないよう企業に働きかけていた。

しかし、1990年代以降、「円滑な労働移動」という理念が政府に急速に広がっていった。

企業に従業員を抱え込んでもらうより、成長産業に移動してもらったほうが、企業にとっても、従業員にとってもメリットが得られるという思想だ。

じつは、この考えは岸田政権になってからも変わらなかったし、岸田政権の政策を踏襲する石破政権でも受け継がれている。

労働者は低付加価値の産業から、成長性が高く高付加価値を生み出す新産業に移動すべきで、そのために政府は「リスキリング」を推進するというのだ。

しかし、ふつうの中高年サラリーマンが職業訓練を受けたところで、彼らが人工知能のエンジニアになれないことなど、自明のことだ。

結局、甘い言葉に乗って会社を辞めた中高年は、生活のために非正社員として低賃金労働に勤しむことになる。１９８９年の非正規比率は約20％だったが、近年は40％近くと、倍増している。非正社員の時給は、正社員の半分だ。「リスキリング」の甘言に乗せられて労働移動に挑んだ中高年労働者はそうした罠に陥るのだ。一方で、公務員は何が起きても、従前の処遇が守られる。

意図したわけではないだろうが、ふつうのサラリーマンの働き方が見えていないエリート官僚のズレた政策により、国民はとんだとばっちりを受けたことになるのだ。

定年延長が始まった途端に…

２０２３年10月18日、政府は国民年金の保険料納付期間を現行の40年間から5年延長して45年間とする案を議論する方針を固めた。実際、議論は行なわれたものの、最終的にこの案はとりあえず見送りになった。

２０２４年の財政検証の結果、年金積立金が株価上昇などで大幅に増えたことやほかの改革案で一定の給付底上げ効果が見込めることがわかったこと、さらに負担増への国民の反発を考慮した結果、政治的な判断が働いたからだ。

ただ、私は国民年金の保険料納付期間5年延長には、官僚の狡猾さが潜んでいると考えている。どういうことか説明しよう。

国民年金の納付期間を5年延長すると、国民年金の給付額は年間約10万円増加する。年金が充実するのだからよいことだと思われるかもしれないが、問題はその財源を誰が負担するのかということだ。

65歳に達するまで国民年金保険料を払い続けなければならない人は、無職の人、自営業やフリーランスの人、パートタイマーで働く人などに限られる。厚生年金に加入するフルタイム労働者は、国民年金を支払う必要がない。厚生年金保険料のなかに基礎年金相当分が含まれているからだ。

私がずるいなと思うのは、国家公務員の定年年齢が60歳だった時代には国民年金保険料負担の期間延長を一切口にしなかったのに、定年延長が始まった途端に官僚が国民年金保険料納付期間の延長を言い出したことだ。

定年が延長された5年間は、国家公務員は国民年金保険料を支払う必要がない。その一方で、年間の国民年金受給は10万円程度増える。

そして、その給付増を支えるのは、無職の人、自営業やフリーランスの人、パートタイマーで働く人などだ。

国民年金の月額保険料は、2024年現在1万6980円、夫婦2人分で3万3960円だ。これを5年間払い続けると、負担は総額200万円ほどになる。定年後、無収入となった夫婦には、とてつもなく大きな負担となる。

保険料納付期間の延長により、60歳で定年を迎えたあと、悠々自適の人生を送ろうと考えていた人の人生設計が破壊されてしまうのだ。

私の周囲でも、60歳で引退し、年金支給開始年齢の65歳までは退職金と貯蓄を取り崩しながら暮らしている人は、とても幸せな老後を送っている。まだまだ体力が十分あるので、さまざまな趣味を楽しむことができるからだ。

しかし、公務員の年金を拡充するために、定年後の悠々自適という民間の老後生活プランが破壊されてしまうのだ。

自分たちの処遇改善を実現するためのツケを国民に回す。それが最近の官僚が採り始めた共通の戦略に思えてならない。

これまでずっと国民のことを考えてきたはずの官僚が、最近は自分たちの利益を考える存在に堕落してしまったのだ。

異次元少子化で日本が消える

2023年1月4日、年頭の記者会見で岸田総理は、自ら主導する「異次元の少子化対策」について、次のように述べた。

今年のもう一つの大きな挑戦は少子化対策です。昨年の出生数は80万人を割り込みました。少子化の問題はこれ以上放置できない、待ったなしの課題です。経済の面から見ても、少子化で縮小する日本には投資できない、そうした声を払拭しなければなりません。こどもファーストの経済社会をつくり上げ、出生率を反転させなければなりません。本年4月に発足するこども家庭庁の下で、今の社会において必要とされるこども政策を体系的に取りまとめた上で、6月の骨太方針までに将来的なこども予算倍増に向けた大枠を提示していきます。

岸田総理の打ち出した「出生率を反転させる」という基本方針に反対する国民はほとんどいないだろう。

このままズルズルと子どもの数が減ったら、公的年金制度の財政がもたなくなるし、何より日本人が、あるいは日本そのものが消滅に向かっていってしまうからだ。

2023年12月、政府は、岸田総理の方針に沿った「こども未来戦略」を閣議決定し、2024年6月には関連法案が可決・成立した。

政府は、少子化対策の実施に新たに3兆6000億円の財源が必要であり、既定予算の活用（1兆5000億円）や社会保障の歳出改革（1兆1000億円）、医療保険の保険料に上乗せされる「子ども・子育て支援金制度」（1兆円）で確保する方針を示し、少子化対策に伴う増税は行なわないとしたが、社会保険料で手当てするにしても、とてつもない国民負担が降りかかってくることは避けられない。

にもかかわらず、異次元の少子化対策の具体案を作成にあたって、官僚たちはとんでもない議論のすり替えを行なった。

少子化対策にほとんど役立たない「自分たちが有利になる制度」を次々に導入する一方で、本当の少子化対策になる改革を一切導入しなかったのだ。

少子化の本当の原因は何か？

少子化の原因は、合計特殊出生率の低下だ。

合計特殊出生率（Total Specific Fertility Rate）は、しばしば「1人の女性が一生の間に産む子どもの数」という説明がなされるが、それは正確ではない。

正しくは「15～49歳までの女性の年齢別出生率を合計したもの」だ。

そもそも合計特殊出生率の「特殊」という言葉は、昔留学した厚生省の官僚が言い出したもので、その官僚は英語が得意ではなかったために、Specific を Special と勘違いして、「特殊」と訳してしまったのだそうだ。Specific は「それぞれの」というのが本来の意味だ。ただ、一度広がってしまった誤訳を修正するのは容易ではなく、いまだに誤訳が使われ続けていることになる。

さて、人口学では合計特殊出生率が2・1を下回ると、人口の再生産が可能な出生数が得られないことが古くから知られている。つまり、必然的に人口減が進行していくわけだ。

2023年の合計特殊出生率は1・2と、2・1を大幅に下回っていて、少子化が進んで当然の状態になっている。

では、なぜ合計特殊出生率が低下しているのか。

いまから四半世紀前までは、それは「晩婚化」が原因だとされていた。女性の社会進出に伴って、出産を先送りする女性が増えてきた。だから、一時的な出生率の低下が起きているが、出産を先送りしているだけなので、いずれ出生率は回復するだろうと多くの学者が考えていたのだ。

しかし、その考えが完全に間違っていることが、すぐに明らかになった。

合計特殊出生率は、次の3つの要因で決まることがわかっている。
①平均初婚年齢
②完結出生児数（これが本当の1人の女性が一生の間に産む子どもの数）

③生涯未婚率（統計的には50歳時の未婚率）

1985年から2020年までの35年間の変化を見ると、妻の平均初婚年齢は、25・5歳から29・4歳へと3・9歳晩婚化している。ただし、直近9年間は、晩婚化はまったく進んでいない。

一方、結婚した女性が生涯に産む子どもの数である完結出生児数は、1987年（85年は調査がない）の2・19から、2021年には1・90となっている。若干低下しているが、結婚すれば、いまでも女性はほぼ2人の子どもを産んでいるのだ。

それでは、なぜ少子化が進んでいるのか。

その答えは明らかだ。女性の生涯未婚率が1985年の4・3%から、2020年には16・4%へと劇的に上昇したのだ。

ちなみに男性はもっと極端で、1985年の3・9%から、2020年には25・7%に上がっている。つまり、いま起きている少子化の主因は「結婚しない」ことなのだ。

「しない」ではなく、「できない」

「結婚しない」という表現は正確ではない。正しくは「結婚できない」のだ。

国土交通省が「平成22年度結婚・家族形成に関する調査報告書」を再集計した結果によると、20～30代男性の場合、年収８００～１０００万円の既婚率は44・０％だが、年収の下落とともに既婚率は低下し、年収１００万円台は５・８％、１００万円未満は１・３％となった。

年収が下がると結婚している人の割合が絶望的に下がるのだ。

労働政策研究・研修機構が２０１４年に発表した報告書で、20代後半男性の既婚率を見ても、年収１５０～１９９万円が14・７％であるのに対して、年収５００～５９９万円だと53・３％に跳ね上がる。

非正社員の平均年収は１７０万円だから、非正社員の男性はほとんど結婚してもらえないのだ。

労働力調査によると、１９８４年の非正社員比率は15・３％だったが、２０２３年には37・1％と劇的に上昇している。

平均年収が170万円ほどしかない非正社員が爆発的に増えたから、結婚ができなくなったというのが少子化の本当の原因なのだ。

私のゼミの女子学生に「相手の年収がいくらだったら結婚しますか？」と聞いたら、全員が500万円以上と答えた。非正社員は、そもそも結婚相手の対象になっていないのだ。

このことを前提にすると、真の少子化対策は簡単に導き出せる。格差を縮小することだ。

具体的な対策としては、最低賃金を大幅に引き上げるとか、同一労働同一賃金を厳格に適用する、あるいは逆進性の強い（低所得者ほど負担が大きい）消費税を減税する、さらには国民全員に毎月一定金額を給付するベーシックインカムを給付するなど、所得格差を縮める手段は無数にある。

たとえば、韓国の最低賃金（時給）は、2013年には4860ウォンだった。ただ、その後、韓国政府は猛烈な勢いで最低賃金を引き上げ、2023年の最低賃金は9620ウォンとなっている。10年間でほぼ2倍、年平均の引き上げ率は7％に達している。

一方、日本の最低賃金は２０１３年の全国平均が７６４円、２０２３年は１００４円で、10年間で31％増、年平均の引き上げ率は２・８％にとどまっている。

韓国で実施できた最低賃金の引き上げが、日本ではできない理由はどこにもないのだ。

しかし、実際に官僚たちが作った異次元の少子化対策の具体的な内容に、格差縮小の施策は一切ない。そのすべてが「子育て支援」だったのだ。

「子育て支援」で恩恵を受けるのは誰か？

２０２３年6月13日、こども未来戦略会議が、「こども未来戦略方針」を発表し、異次元の少子化対策の骨格が明らかになった。報告書は、今後3年間に集中的に取り組む「こども・子育て支援加速化プラン」として4本柱を掲げた。

①ライフステージを通じた子育てに係る経済的支援の強化や若い世代の所得向上に向けた取り組み

②全てのこども・子育て世帯を対象とする支援の拡充
③共働き・共育ての推進
④こども・子育てにやさしい社会づくりのための意識改革

そして、経済的支援の冒頭に掲げたのが児童手当の拡充だ。報告書は次のように書いている。

児童手当については、次代を担う全てのこどもの育ちを支える基礎的な経済支援としての位置付けを明確化する。このため、所得制限を撤廃し、全員を本則給付とするとともに、支給期間について高校生年代まで延長する。

児童手当の多子加算については、こども3人以上の世帯数の割合が特に減少していることや、こども3人以上の世帯はより経済的支援の必要性が高いと考えられること等を踏まえ、第3子以降3万円とする。

この方針に基づいて児童手当が拡充されることになった。

これまでの児童手当は、2歳までが月額1万5000円、3歳から中学生までが月額1万円だったが、2024年10月からは、給付金額自体は変わらないものの、支給期間が高校生までに延長された。また、第三子以降に関しては、これまでの1万5000円から倍増の3万円となった。

そして、一番大きな拡充は所得制限の撤廃だ。所得制限額は家族構成によって異なっていたのだが、共働き世帯で子どもが1人の場合は、年収833万3000円で減額になり、年収1071万円で支給停止になっていた。それをいくら所得が高くても、児童手当が給付されるように変えたのだ。

こうした児童手当の拡充策で、子育て世帯の家計がどれだけ潤うのか、第一生命経済研究所が推計を発表している。

実質増収は、子どもが1人の場合、年収300万円世帯（夫婦で年収の多いほうが300万円）は20万円、500万円世帯は15万円、年収700万円世帯は3万円だ。しかもこれは年額ではない。生まれてから高校を卒業するまでの総額だ。

子ども1人を大学まで通わせると2000万円の教育費が必要と言われるなか、こんな微々たる額で、子どもを持とうと思う人は皆無だろう。

ちなみに、年収700万円の場合、なぜ3万円と恩恵が極端に少ないのかと言えば、高校生にも児童手当を給付することと引き換えに、その間の扶養控除を廃止することを想定しているからだ。

一方、子どもが3人の場合は、年収300万円世帯で350万円、年収500万円世帯で337万円、年収700万円世帯で314万円と、それなりの恩恵がある。もちろん子ども3人分だから1人当たりに直せば100万円強にすぎない。

しかも、ここには罠が潜んでいる。

月額3万円の児童手当をもらえるのは第三子だけだが、高校を卒業した子どもは、子どもとは見なさないというルールになっている。つまり、第一子が高校を卒業すると、第三子は第二子とみなされるため、3万円の児童手当をもらうことはできなくなるのだ。このルールの下では、高校生になっても全員が3万円の児童手当をもらえるのは、ほぼ3つ子の場合だけということになる。

このように児童手当の拡充でメリットを受ける国民が多くないなかで、児童手当拡充でとてつもなく大きなメリットを得る階層がある。

それは高所得層だ。たとえば、年収1000万円世帯では、子どもが1人で

117万円、子どもが3人だと694万円もの手取り増となる。

児童手当の所得制限が撤廃され、いままで受け取ることができなかった児童手当を受給できるようになるからだ。

じつは、年収1000万円を超えるサラリーマンは、国税庁統計によると全体の7%しかいない。そうした層だけをターゲットにして、子育て支援をしても、大きな効果がないのは明らかだろう。

それでは、なぜそんな政策が採用されたのか。

霞が関で働く官僚は、30代の課長補佐でも1000万円前後の年収を得ている。児童手当拡充で集中的にメリットを受けるのは、政策立案者である彼ら自身なのだ。

それでも、官僚が今回の少子化対策を機に、3人目、4人目の子どもを作ってくれるなら救われるが、そんなことはありえないだろう。

もちろん官僚に悪意があった可能性は小さい。政策を考えるキャリア官僚は、省内結婚をしてパワーカップルになっているケースが多い。彼らは、自分たちの目線で、子育てに何をしてくれたら嬉しいかを考える。そこから出てきた政策が、ズレまくった異次元の少子化対策だったのだ。

パワーカップル、恵みの雨

２０２３年4月から、出産育児一時金の給付額が42万円から50万円に引き上げられた。さらに異次元の少子化対策の一環として、２０２６年度を目途に、出産費用に健康保険を適用することが検討されている。

これまで、出産育児一時金の額を超える出産費用は自己負担だったが、保険適用になると高額の出産費用がかかった場合の自己負担が小さくなることが見込まれている。国民健康保険中央会の「２０１６年度出産費用の統計情報」によると、出産費用が一番低い鳥取県は39万６３３１円であるのに対し、一番高い東京都は62万１８１４円と、費用の格差は22万円にも及んでいる。

出産一時金は全国一律の50万円だから、言い方は悪いが、鳥取県では出産費用だけの損益を考えたら、出産で「儲かって」いた。

一方、東京都で出産すると12万円以上の持ち出しとなっていた。

出産費用に健康保険を適用するということは、地方で出産することのメリットを奪い、大都市での出産を支援するという意味を持つ。

なぜ、そんな政策を官僚が打ち出しているのか、説明するまでもないだろう。

異次元の少子化対策における官僚のお手盛りは枚挙に暇がない。

たとえば、こども家庭庁は、2025年度にも夏休みの時期などに短期間だけ開く放課後児童クラブ（学童保育）への補助金制度の創設を調整する方針だ。

共働き世帯の増加を踏まえ、ニーズが多い夏休みの受け皿増加につながるものという建て前になっている。

政府はすでに、ベビーシッターを雇うときにまで補助金を出している。

国のベビーシッター補助事業では、承認を受けた事業所の従業員がベビーシッターを利用した場合に、最大月額5万2800円の補助がすでに出されている。もちろん国家公務員も適用対象に含まれている。

こうしたサービスの拡充は、パワーカップルにとって、まさに恵みの雨となるのだ。

一方、専業主婦世帯で、女性が自分の手で子育てをしている場合には一切補助がない。

「子育ては社会全体で支援する」という理念に基づけば、子育て全体を支援するべきで、「共稼ぎ」か「片稼ぎ」かというライフスタイルによって差別をすべきではない。

だから、保育所とか学童とかベビーシッターに補助金を出すのであれば、本来なら専業主婦で子育てをしている人にもその分補助を出すべきだ。

しかし、そうした動きはまったくなく、共稼ぎ世帯の優遇だけがどんどん進んでいく。専業主婦として子育てに専念する可能性がほとんどなくなってきた官僚が、自らの利益を想定して、あるいは自らの狭い視野だけで政策作りをしているからなのだ。

ほかにも官僚のお手盛りといえる政策がある。

少子化対策の一環としての、夫の育休推進だ。現在でも、産後8週間以内に夫が4週間分の育休が取得できるが、制度を利用して育休を取得した場合、その期間の給与の80%（手取りにすると100%相当）が支給されるようにする予定だ。

現行制度では、夫が育休を取得した場合の手当は、給与の67%（手取りの80%相当）が支給されるだけなので、大幅な給付増となる。この制度の恩恵も官僚はフルに受けることができる。

3兆6000億円の少子化対策予算では、なぜか共稼ぎ世帯優遇の子育て支援だけが拡充されていく。

その一方で、野党が一貫して要求してきた学校給食費の無償化や大学の無償化に関して、官僚は無視を決め込んでいる。

学校給食費の無償化に必要な財源は5000億円、国立大学の無償化は3000億円で可能だ。

それをなぜ官僚が進めようとしないのか。

それは、少子化対策予算が官僚とは無関係の低所得層に流れてしまうからではないか。

あまりにうがった見方だというのなら、もう1つの可能性は天下りだ。

学校給食や国立大学を無償化しても、官僚になんの利権も生まれない。

ところが、子育て関連サービスを拡充したり、育休関連給付を創設したりすると、そこには新たな運営予算や天下りポストが発生する。

異次元の少子化対策で生まれるのは、子どもではなく、官僚の利権なのだろう。

官僚による「専業主婦イジメ」

もう1つ、官僚による「専業主婦イジメ」の事例を紹介しよう。

厚生労働省は2024年7月30日に、遺族年金の見直し案を社会保障審議会の部会に提示した。2025年の通常国会で制度改正の関連法案を提出する予定だ。

現在の厚生年金制度には、専業主婦の妻が夫を亡くした場合、厚生年金の4分の3を妻が受け継ぐことができる遺族年金制度がある。遺族年金の給付は生涯続けられる。その制度を、夫を亡くしたときの年齢が59歳までの場合は、遺族年金の給付を5年で打ち切るように変更するというのだ。

たとえば、59歳で夫を亡くした妻は、64歳になったところで遺族年金給付が打ち切られる。それまでに新しいパートナーを探すなどということは現実的には極めて困難だ。つまり、遺族年金制度が変更されると、危なっかしくて専業主婦なんかやっていられないことになるのだ。

官僚が狡猾なのは、この制度改正に「男女間格差の是正」という口実をつけたことだ。

現行の遺族厚生年金は子どもがいる場合、男女差は事実上ない。子どもがいない場合、妻は夫の死亡時に30歳未満なら5年間の有期給付で、30歳以上なら生涯支給される。これに対し、夫は妻の死亡時に55歳未満だと受給できず、受給権は55歳以降に発生し、60歳から支給される。

専業主夫をしている男性は非常に少ないので、男女格差が生じているのはレア中のレアケースだ。そんなごく少数のケースを是正するのを口実に、専業主婦世帯が不利になる政策を実行する。

つい四半世紀前までほぼ専業主婦世帯だった官僚のライフスタイルが、共稼ぎに移行するようになると同時に、専業主婦世帯を〝弾圧〟するようになった。官僚たちは、国民にとってではなく、自分たちにとって「最善の戦略」をとるようになったのだ。

しかし、それは共稼ぎというライフスタイルの強要であり、国民から多様なライフスタイルの選択権を奪うことにつながっているのだ。

「仕事の楽しさ」を奪うトップダウン経営

働き方改革関連法が2019年4月から施行された。

改革の第一は有給休暇の取得促進だ。会社は、10日以上の年次有給休暇が付与される労働者に対して、少なくとも5日間は有給休暇を取らせなくてはいけなくなった。労働者が有給休暇を取らない場合は、会社が時期を定めて取得させる必要がある。

もう1つの大きな改革は、残業時間規制だ。

大企業では、残業は原則として月45時間で、年間360時間以内ということになった。繁忙期でも月100時間未満という上限が設定された。

このほか、連続する2カ月から6カ月の平均で月80時間以内、残業時間が月45時間を上回るのは年間で6回までという規制もかけられた。中小企業も2020年から同様の規制が適用された。

なぜ、こんな規制が生まれたのか。

私は、この規制のおおもとには、仕事に生きがいを見いだせなくなった官僚による

「仕事がつまらないから、早く家に帰ったり、休みを取りたい」という本音が隠されているのではないかと考えている。もしくは、官僚たちは自分たちの仕事がつまらないから、ほかのどの仕事もそうで、国民全員が多く休めたほうがいいと考えているのかもしれない。

ただ、そうした戦略は、日本経済に大きな悪影響を与える。

1つは、人が育たなくなることだ。

最近、大学の教え子と話していて痛感することがある。それは、転職の動機が激変していることだ。10年前までは、転職は年収を上げるためであり、より大きな規模の企業に移るためのものだった。

ところが、最近はせっかく摑んだ大企業の職場を捨て、ベンチャー企業への就職や自ら起業することを選ぶ卒業生が圧倒的に増えてきたのだ。

なぜ、安定した高収入を捨てるのか。彼らが口をそろえるのは、「いまの仕事は、楽しくないし、自分の成長が実感できない」ということだ。

私が社会に出た40年前、日本の会社はボトムアップ経営だった。

課長になると、実務に関わることが少なくなり、新聞ばかり読んでいた。部長以上は重役出勤で、仕事といえば会社の戦略決定と対外交渉や業界団体の業務などに限られていた。

だから、現場には自由があった。現場が思い付いたことにとりあえず挑戦してみることができたのだ。

そして、もう1つ大きな違いは、労働時間の自由もあったことだ。

私自身の経験は特殊だと思うが、私が20代から30代のときは、平均の月間残業時間は150時間を軽く超えていた。前述したとおり、それだけ働いていても不満はなかった。一番の理由は、自分が成長している実感があったことだ。

ところが、最近の経営はトップダウンに変わった。その結果、起きた事態は、報酬と仕事の楽しさの独占だ。

2020年度に1億円以上の報酬を受け取った上場企業の役員は761人だった。10年前は368人だったから、2倍以上に増えている。そこまで極端ではないが、会社の中高年の年収も高いままだ。一方、若年層の年収は増えないどころか減っている。働き方改革で、残業代が抑えられているからだ。

さらに大きな問題は、経営陣がトップダウンで細かい業務までマニュアル化し、社員をしばるようになったことだ。

社員の立場からすれば、マニュアル仕事に創意工夫の余地はないから、仕事が楽しくなくなる。自由度がないのにノルマだけはかけられるから、ストレスがたまってしまうのだ。

これと同じ構造変化は官僚の世界でも起きている。その結果、生み出されたのが働き方改革だったのだ。

頭のなかだけで考えた政策

働き方改革は、経済効率を大きく低下させる「実害」をもたらしている。

2023年6月19日にこれまでライバルとして競い合ってきた、日本郵政とヤマトHDが本格的な協業を進めると発表した。

大雑把に言えば、ダイレクトメールや小型荷物をヤマトが集荷して、配達地の郵便局まで運び、日本郵便が各家庭に配送する仕組みにするということだ。

具体的には、小型荷物を配達先のポストに投函するネコポスを2022年10月から順次終了し、「クロネコゆうパケット」に置き換える。また、クロネコDM便も2024年1月末に廃止して、「クロネコゆうメール」としてサービスを開始した。法人向けサービスで、配達料金は発注する個別企業ごとに異なるもののクロネコDM便時代の最低料金が167円だったのが、クロネコゆうメールは250円に値上げされた。ヤマトと日本郵便が働き方改革をきっかけに手を握り、競争が制約されたからだ。

こうした問題の背景には「2024年問題」が存在している。

2024年4月から、それまで規制の厳格化が猶予されてきたトラックドライバーに対して、時間外労働が年間960時間に規制されたのだ。そのため、ドライバー不足が深刻化し、物流が滞留するようになっただけでなく、物流コストの大幅な増加を招いたのだ。

ただ、トラックドライバーの時間外労働を厳しく規制することは、現場を知らない官僚が、頭のなかだけで考えた政策だ。

たとえば、定型業務をこなすサラリーマンの労働時間を厳しく制限するのは、ワークライフバランスを改善するために役立つだろう。

しかし、一方でお笑い芸人とか音楽家といった「楽しい」仕事をするフリーランスの労働時間を規制しても、彼らが幸せになることはない。

私は、トラックドライバーは、実質的にサラリーマンとフリーランスの中間、どちらかと言えばフリーランスに近い存在だと考えている。

彼らはハンドルを握ったら、安全で確実に荷物を届けられるように道路の選択や休憩の取り方など仕事のやり方を自ら考え、判断してやっている。つまり、自由と自己責任の仕事だ。だから、サラリーマンのように細かいところまでいちいち指図を受けることはないのだ。だから、事故を起こさない範囲で、労働時間も自由に決めるべきなのだ。

ドライバーの生活が貧しい大きな原因は、中小の運輸業者に対して不当な安値の発注がなされていることだ。

だから、本来、行政がやらなければならないのは、運賃のダンピング防止対策であり、適正な運賃さえ支払われていさえすれば、労働時間はドライバーが決めればよいのだ。

業界との癒着に厳しい目が向けられるようになり、霞が関の官僚がどんどん現場から遠ざかっている。そのことの弊害の象徴が2024年問題なのだ。

２０２４年問題の被害は広がり続けている。

たとえば、産経新聞社が発行する「夕刊フジ」が２０２５年1月で休刊すると発表された。

創刊から55年で、サラリーマンの貴重な情報源となってきたタブロイド紙が消えようとしているのだ。休刊の最大の原因と言われているのが、２０２４年問題による物流費の高騰だ。

夕刊フジ休刊の影響は１紙だけの問題では済まない。夕刊フジ、日刊ゲンダイ、そして東京スポーツの三大夕刊紙は、これまで輸送費を「割り勘」にして厳しい経営をやり繰りしてきた。夕刊フジが休刊となれば、これまで3等分だった輸送費の割り当てが2等分になるため、ほかの2紙の経営も厳しくなってしまうのだ。

官僚の誤った政策が、いま文化破壊にまで広がり始めているのだ。

第5章

なぜ官僚の政策は失敗するのか？

日本が正式決定した首都機能移転

東京一極集中の緩和は、政府がずっと掲げ続けている政策で、実際、地方移転する企業に補助金を支給するなど、地方移転促進の政策も整備されている。

しかし、そうした施策が大きな効果を持たないことは、四半世紀にわたって続いてきた東京圏への流入超過が証明している。

私は、いまこそ首都機能、すなわち国会と中央官庁と最高裁を地方に移転すべきだと思っている。

東京の過密を招いた最大の理由は、政治と経済、文化の3つの中心を東京にしたことだ。

世界を見れば、アメリカやドイツ、スイスなど、経済の中心と首都機能を分けている国はたくさんある。それがスタンダードと言ってもよい。

しかし、日本はすべての機能を東京に集めている。

ところが、日本はすでに首都機能移転を正式に決めているのだと言ったら、驚かれる方もいると思う。

じつはバブルの絶頂期、1990年11月7日に衆・参両院において首都機能移転の決議がなされた。

決議のなかではこう述べられている。

「わが国の現状は、政治、経済、文化等の中枢機能が首都東京へ集中した結果、人口の過密、地価の異常な高騰、良好な生活環境の欠如、災害時における都市機能の麻痺等を生ぜしめるとともに、地域経済の停滞や過疎地域を拡大させるなど、さまざまな問題を発生させている」

当時は人口集中が新型コロナウイルスなどの感染症拡大の震源地になることまでは考えられてはいなかったものの、それ以外の地価高騰、災害リスク、生活環境の悪化といった面でも、東京一極集中の弊害は、35年も前から認識されていたのだ。

そして、この国会決議は、法律の形で実を結ぶことになった。

1992年12月10日に「国会等の移転に関する法律」が成立したのだ。

その第一条には、次のように書かれている。

「国は、国会並びにその活動に関連する行政に関する機能及び司法に関する機能のうち中枢的なもの（以下「国会等」という。）の東京圏以外の地域への移転（以下「国会等の移転」という。）の具体化に向けて積極的な検討を行う責務を有する」

つまり、政府は三権の中枢を東京以外に移転させる責務を負っているのだ。

この法律に基づいて国会等移転審議会が設置され、1999年12月20日に審議会は答申をまとめた。

この答申のなかで、審議会は、移転先候補地に関する総合評価を行ない、その結果、移転先候補地を、北東地域の「栃木・福島地域」と、東海地域の「岐阜・愛知地域」の2カ所に絞り込んだ。

これを受けて国会は、2000年5月18日に再び決議を行ない、2年後を目途に候補地を一本化することを求めたのだ。

ところが、これを最後に国会は動きを止めてしまう。

国会が一極集中を問題にした1990年の東京都の人口は1186万人だったが、2024年5月には1417万人と、19・5％も増えている。

東京に迫りくる危機

その結果、１９９０年に国会が懸念したとおりの問題がいま噴出している。

たとえば、銀座５丁目の鳩居堂《きゅうきょどう》前の路線価は、２０２４年には１平方メートル当たり４４２４万円と、バブル経済のピークだった１９９２年の３６５０万円を21・２％も上回っている。誰がどう考えても異常な地価高騰が続いているのだ。

住宅やビル開発のため、農地もどんどん減っていった。

１９９０年に１万１５００ヘクタールあった東京の農地は、２０２２年に６２９０ヘクタールと45％も減少した。自然環境が大きく失われてしまったのだ。

幸いなことに、災害時における東京の都市機能の麻痺というのは、これまで大規模なレベルでは発生していない。

それは莫大な投資をして東京の防災機能を高めてきたからだ。

たとえば、埼玉県春日部市にある首都圏外郭放水路だ。

「地下宮殿」とも呼ばれる大規模な地下空間に増水時の荒川から水が取り込まれる。

2019年の台風19号のときには、東京ドーム9杯分、1200万立方メートルの水が溜められた。

そして、もう1つ、荒川の氾濫を防ぐための施設がさいたま市の荒川彩湖《さいこ》公園だ。台風19号の際にはこの公園が調整池の役割を果たして、東京ドーム31杯分、3900万立方メートルの水が溜められた。

この2つの施設の存在によって、荒川の氾濫は防がれたのだ。

しかし、そうした対策をしても、2019年の台風19号の際に、荒川は氾濫寸前まで増水した。

東京都は「東京都豪雨対策基本方針」で、23区では時間雨量75ミリに耐えられるように治水対策を講じることにしているが、2020年7月の豪雨では、鹿児島県鹿屋《かのや》市で1時間雨量が110ミリを記録している。線状降水帯はどこで発生するかわからない。

しかも気象庁の統計によると、全国の「1時間あたり50ミリ以上の雨」の最近10年間(2014年~2023年)の平均年間発生回数の330回は、統計期間の最初の10年間(1976年~1985年)の平均年間発生回数の226回とくらべて、1・5倍に増えている。つまり、荒川はいつ氾濫しても不思議ではないのだ。

もし、荒川の堤防が決壊すれば、東京23区の3分の1が水没することになる。東京が壊れてしまうのだ。

東京が壊れる可能性はもう1つある。それが首都直下地震だ。

中央防災会議の被害想定によると、冬の夕方、風が強いという最悪のケースでは、道路が狭く、木造家屋が密集する地域を中心に全壊または焼失する建物は61万棟にのぼり、死者は最大でおよそ2万3000人に達する。

首都直下地震が起きる可能性を政府は「今後30年以内に7割の確率」としているが、それは30年後という話ではなく、明日起きても不思議ではないことなのだ。

原因が水害にしろ、地震にしろ、東京の都市機能が麻痺したら、日本は致命的な打撃を受けるだろう。政治も、文化も、経済も、日本はすべての中心を東京に置いてきたからだ。

だから、新型コロナ感染は、東京一極集中への一種の警告ではないかと、私は考えている。豪雨も地震も目前に迫っている。グズグズしている暇はないのだ。

首都を危機から回避させる秘策

では、具体的にどうしたらよいのか。

私は、移転先候補地の1つである福島県に首都機能を移すことがもっとも望ましいと考えている。

「福島」に移転すべきと考える最大の理由は、福島の復興につながるからだ。

福島の東日本大震災と原発事故からの復興は、国を挙げた取り組みをすることになっているのだが、現実には遅々として進んでいない。

福島県の人口は2024年6月現在で175万人と、東日本大震災直前の202万人から、27万人も減少しているのだ。

福島県に立法、行政、司法の中心を移せば、報道などの民間の事業所も設置せざるをえなくなるから、現地に大きな雇用が生まれ、人口も増える。

国会等移転審議会が描いた新首都のイメージは、面積が最大8500ヘクタールで、人口は最大56万人としている。移転に必要な費用は、公的負担が4兆4000億円、民間投資が7兆９０００億円の合計12兆３０００億円となっている。

福島への首都機能移転は、東京の過密解消によって災害による都市機能の麻痺や災害対策の司令塔喪失を防ぎ、感染症の拡大を阻止し、そして福島の復興を促進するという３つのメリットがある。

そのほかにも、もう１つの大きな効果がある。それは、国会と官僚が地方の視点で物事を考えられるようになることだ。

さらに、首都機能を東京から切り離すことは、官僚の「利権と癒着と腐敗」をある程度防ぐ効果も持つだろう。

官僚が、国のことだけを考えて業務に専念できる環境に置かれるからだ。研究者が研究に専念できるように、筑波に研究学園都市を作ったのと同じ発想だ。

しかし、現実に首都機能移転が進むのかと言えば、その可能性は非常に小さいと言わざるをえない。法律と国会決議で移転先を決めるべきだとされてから24年が経つが、一向に政府が動かないからだ。

たとえば、臨時国会の開催に政府が応じないと、野党は「憲法に違反している」と非難をするが、なぜか首都機能移転の「違法状態」に関して、彼らは一言も発していない。

残念ながら、国が目覚めるのは、豪雨か地震で東京が壊滅的な被害を受けたあとになるのかもしれない。

私は、首都機能移転の致命的な遅れの原因の1つが官僚にあると考えている。

官僚のほとんどは東京の住人だ。東京にはおしゃれなレストランとかキラキラしたエンターテイメントがたくさんある。いまや準富裕層となった彼らにとって、東京は捨てがたい魅力的な都市であり、本気になって首都移転を進めるメリットがないのだ。

国会が決めたことをのらりくらりと先送りする理由をある官僚に尋ねたことがある。福島への即時移転を主張する私に彼はこう言った。

「福島に移転なんてされたらたまったもんじゃないですよ。苦労して、お受験を乗り切り、子どもを進学校に入れたというのに、福島にはまともな進学校がないじゃないですか」

「だったら、福島ラ・サールを作ってもらうようにボクが交渉してきます」

私のジョークに、彼は表情さえ変えなかった。

なぜ、原発再稼働なのか

安倍政権時代の２０１８年７月に閣議決定された「第５次エネルギー基本計画」は、合計７回も「可能な限り原発依存度を低減する」との表現を繰り返した。２０１１年３月に発生した福島第一原子力発電所の事故から得た教訓を踏まえたエネルギー政策を考えていたのだ。

ところが、菅義偉政権下で作られ、２０２１年10月に閣議決定された「第６次エネルギー基本計画」では風向きが変わった。

「可能な限り原発依存度を低減する」という政府方針は否定されなかったものの、原子力をベースロード電源（コストが安く、昼夜問わず安定的に供給できる電力源）と位置づけたのだ。

「第６次エネルギー基本計画」では、原子力を次のように位置づけている。

原子力は、燃料投入量に対するエネルギー出力が圧倒的に大きく、数年にわたって国内保有燃料だけで生産が維持できる低炭素の準国産エネルギー源として、優れた安定供給性と効率性を有しており、運転コストが低廉で変動も少なく、運転時には温室効果ガスの排出もないことから、安全性の確保を大前提に、長期的なエネルギー需給構造の安定性に寄与する重要なベースロード電源である。

一方で、依然として、原子力発電に対する不安感などにより社会的な信頼は十分に獲得されておらず、また東京電力柏崎刈羽原子力発電所における核物質防護に関する一連の事案など、国民の信頼を損なうような事案も発生するとともに、使用済燃料対策、核燃料サイクル、最終処分、廃炉など様々な課題が存在しており、こうした課題への対応が必要である。

そして、岸田政権が2025年3月の閣議決定を目指して議論を開始した「第7次エネルギー基本計画」では、脱炭素電源として原発の「最大限活用」を掲げ、原発の新・増設にまで踏み込むと見込まれている。

原発回帰の1つの理由は、電力コストの低減だと言われている。

ただ、原子力発電が本当に安いのかについては、大きな疑問がある。

原発の発電コストには、2つのコストを算入していないからだ。

1つは、原発事故の処理費用だ。
福島第一原発事故の処理費用は、政府の有識者会議が出した想定で21・5兆円だが、さらに数十兆円の費用がかかるという民間シンクタンクによる試算もある。

もう1つは、放射性廃棄物の最終処分にかかる費用だ。
それがどれだけかかるのかは、最終処分場の候補地さえ決まっていない現段階では、試算のしようもないのだ。

そうしたなかで、政府は最終処分地の選定を強引に進めようとしている。

2024年5月10日に、佐賀県玄海町《げんかいちょう》の脇山伸太郎町長が核のごみの最終処分地選定の第一段階となる文献調査を受け入れることを表明した。文献調査の受け入れ表明は、北海道の寿都町《すっつちょう》と神恵内村《かもえないむら》に続いて全国で3例目、原発立地自治体としては、全国初だ。

最終処分地の選定は、文献調査、概要調査の順に行なわれ、文献調査では最大20億円、概要調査では最大70億円の交付金が地元自治体に支払われることになっている。

私は、玄海町の決断は、この交付金目当てではないかと考えている。

1つの理由は、概要調査に進むためには県知事の同意が必要だが、佐賀県知事は同意する考えのないことを表明していることだ。

もう1つの理由は、これまで玄海原発がどっぷりと「原発のカネ」に漬かってきた歴史があるからだ。

もう四半世紀も前になるが、私が勤務していたシンクタンクが佐賀県から「東松浦半島地域の振興計画」の調査を受託した。そのとき、一番印象に残ったのが、原発立地の自治体財政に与える影響だった。

半島西部の肥前町《ひぜんちょう》（現在は唐津市と合併）の町役場はボロボロだった。私が通された部屋は古い木造で畳敷きだった。

一方、肥前町に隣接し、玄海原発が立地する玄海町の町役場は豪華な巨大ビルで、毛足の長い絨毯が敷かれ、平社員の座る椅子までがまるで社長の椅子のような立派なものだった。

原発を抱えると、電源三法交付金だけではなく、莫大な固定資産税が自治体に転がり込んでくる。現在でも、玄海町の財政収入の6割は原発関連収入だ。

だから、もっと原発関連収入が欲しいという玄海町の発想はわからないではない。

しかし、最終処分場の誘致は、一自治体の判断に委ねてよいのだろうか。

使用済み核燃料とガラスを混ぜて作られるガラス固化体は、直径40センチ、長さ1・3メートルの筒型だ。製造直後は、1時間あたり1500シーベルトと、近づけば即死レベルの放射線量だ。

それを50年ほど地上で保管し、放射線量が10分の1になったところで、金属製の容器で密封し、3ミリシーベルトに下げる。そして、地下300メートル以上の地層に埋める。ある程度の安全が確保できるのは、それから1000年経って、放射線量が0・15ミリシーベルト程度まで低下してからだ。

それまでの間に、地震や噴火などで放射線が噴き出せば、被害は最終処分場の立地自治体にとどまらない。

だから、最終処分場の立地は、地盤が安定していることが絶対条件になるのだが、2023年10月に地学の専門家ら300人あまりが「日本に適地は存在しない」とする声明を公表している。つまり、地層処分はそもそも日本では不可能なのだ。

太陽光発電に政府が冷淡な理由

原発が高コストかつ高リスクである一方で、日本には圧倒的に価格の安い電源が存在する。太陽光発電だ。

私は電力供給を電力会社にすべてまかせるのではなく、太陽光発電によって、家庭や企業が電力を自給自足する形に転換し、電力会社は太陽光では電力が不足するときの補完に徹するという方法が一番よいと考えている。

そのことのメリットはたくさんある。

第一は、コストが下がることだ。電力会社から買うより、自分で発電して自家消費をすれば、電気代のコストは極端に安くなる。

第二は、太陽光発電は温室効果ガスの排出がないから地球環境対策になる。

第三は、原油や天然ガスの価格高騰や供給途絶に振り回されることがなくなる。

そして第四は、地震や台風といった災害の際にも電力が確保できるということだ。

つまり、よいことだらけなのだ。

太陽光パネルの発電コストを具体的に試算してみよう。

太陽光発電システムのポータルサイト「タイナビ」によると、電力の自給に必要な4kWの太陽光発電システムの設置費用は60万円だ。このシステムを使い、太陽光発電パネルの耐用年数を20年（実際にはもっと長持ちする）と仮定する。途中10年経ったところでパワーコンディショナーを10万円で交換したとすると、トータルの設備コストは70万円だ。タイナビによると、年間の発電量は4846kWhだから、単純計算で1kWhあたりの単価は7・22円ということになる。現在、家庭が電力会社から買っている単価は34・25円だから、電力を自分で作れば、買うのとくらべて5分の1のコストで済むのだ。

4kWの太陽光パネルの面積は20畳ほどだから、ふつうの戸建て住宅なら十分設置が可能だ。

日本の住宅の6割は持ち家で、そのうち戸建てが2701万戸、マンションが571万戸だから、持ち家のなかで戸建ては83％を占める。住宅ストック全体から見ても、50％が持ち家の戸建てだから、ここから始めればよい。

4kWの太陽光発電システムの価格を60万円とすると、たとえば半額を政府が補助したとしても予算総額は8兆円だ。1年で全部をやるのは不可能だろうから、5年計画で進めれば、1年あたりたった1兆6000億円で、電力供給の抜本的改革が実現する。

それではどうして、こうした政策が採られないのか。採られないどころか、もう何年も前から国は太陽光パネル単独への補助金を打ち切っている。

その理由はなんだろうか。

もし、多くの世帯が太陽光による自家発電を行なうようになると、電力会社が供給する電力は、夜間や冬期に集中することになる。すると昼間や夏期の稼働率が下がって、電力会社の供給する電気の料金は大きく上がることになる。それは、太陽光発電で十分な電力を得られない大都市マンションの住人の負担が大きくなることにつながる。

さらに電力会社は大きな発電調整をしなければならないので、安定電力である原子力発電の必要性がなくなってしまう。

日本にもっとも適した発電方法であるはずの太陽光発電に政府や官僚たちが冷淡なのは、大手電力会社や〝原発ムラ〟住人たちの利権を守るためであると同時に、太陽光パネルの設置が難しい大都市住民の電気代を抑制するための可能性が高いのだ。

給与カットは2年、復興増税は未来永劫

官僚が自分たちのことを最優先に考えていることは、東日本大震災の復興財源の確保策のときにすでに明らかになっていた。

東日本大震災の被害をけた違いに大きくしたのは、言うまでもなく、福島第一原子力発電所で起きた原子炉のメルトダウンだった。莫大な復興費用をまかなうため、政府は2011年12月に「東日本大震災からの復興のための施策を実施するために必要な財源の確保に関する特別措置法」を公布した。

この法律のなかで、復興財源として、日本たばこ、東京メトロ、日本郵政の売却益を充てるとともに、復興特別所得税と復興特別法人税の創設が決められた。

復興特別所得税は、2013年から2037年まで25年間にわたって課税され、税額は本来の所得税額に2・1%を上乗せすることになった。

復興特別法人税は、2012年4月1日から2015年3月31日までの間に開始す

る事業年度に、本来の法人税額に10％の上乗せをする予定だった。本来は3年間課税する予定だったのが、なぜか1年前倒しで廃止され、課税期間は2年間だけだった。

これらに加えて、復興特別住民税として２０１４年度から２０２３年度までの10年間、都道府県税と市町村税でそれぞれ年間５００円、合計１０００円が徴収された。

一方、特別税の徴収とは別に、復興財源として、国家公務員給与を引き下げる特例法が２０１２年2月29日に成立した。

この法律によって、２０１２年度と２０１３年度は公務員給与が平均7・8％引き下げられた。これによって2年間で約６０００億円の復興財源が確保されることになったのだ。

ところが、復興特別法人税と同様、公務員給与のカットもたった2年だけで終了してしまった。

その一方、復興特別住民税は10年間の期限がすぎたにもかかわらず、２０２４年度から森林環境税と名前を変えて存続している。復興特別所得税も、２０３７年の期限が来たあとも、防衛費倍増の財源として継続されることがほぼ決まっている。

つまり、国民は未来永劫にわたり復興増税を課せられるのに対して、企業と公務員はたった2年で〝無罪放免〟ということになったのだ。

これは明らかにおかしい。福島第一原子力発電所の事故は、表向きは東京電力の責任ということになっているが、原発推進は「国策」として行なわれており、その原動力となったのは官僚の政策判断だ。

それなのに原発事故の負担は国民に押し付けて、官僚は責任回避をしたうえに、自分たちの都市生活を守るための原発回帰という最悪の選択肢まで国民に押し付けようとしているのだ。

軽視される食料安全保障

「農水省の官僚は、農業をしたことがないのか」

思わずそう感じてしまう報道があった。

2023年5月11日の朝日新聞は、政府が「食料増産命令法」の整備を検討していると一面で伝えた。

戦争やパンデミックなど有事の際の食料不足に備えて、花《か》き農家（観賞用の花や観葉植物などの花きを生産する農家）にコメやイモを作るよう命令したり、限られた食料がまんべんなく消費者に行きわたるように価格統制や配給制を導入することを視野に入れているという。

政府が食料安全保障を本気で考え始めたことはもちろん評価できる。米中対立の深刻化や、ロシア、北朝鮮の軍事面での暴走によって、いま世界が戦争勃発の危機にさらされているからだ。そのなかで、食料自給率は、アメリカ１２１％、イギリス70％、ドイツ84％、フランス１３１％であるのに対して、日本はたった38％と先進国最低の水準だ。

このままでは戦争に巻き込まれた場合、日本は戦う前に国民が飢え死にしてしまうのだ。ちなみに穀物に限れば、ウクライナの食料自給率は４４０％と世界最高水準になっている。だからこそ、ロシアの軍事侵攻から2年半以上も耐え続けることができているのだ。

問題は、日本政府が考える食料増産に実効性があるのかということだ。

たとえば、有事になったら、花き農家がすぐにコメを作れるようになるのか。数人の農家に確認したが、答えは１００％「ＮＯ」だった。

コメを作るためには水田が必要だ。ふつうに考えれば、区画を整備し、粘土質の土に入れ替え、農業用水を確保して、初めてコメが作れるようになる。コメが収穫できるまで、数年の時間が必要になるだろう。

また、そもそも耕作面積が大きく減っているので、戦時期に需要が急増するコメを国民全体の胃袋を満たすだけ収穫することはとてもできないだろう。

イモを作ればよいという考え方もある。

しかし、イモにしても、肥料を入れて芽欠きをして土寄せをして……と、収穫のためにはそれなりの技術がいるし、連作障害が出るので毎年は生産ができない。さらに種イモの確保が必要になるから、そう簡単に増産などできないのだ。

38％の食料自給率があるのだから、飢え死にするところまではいかないだろうという楽観論も間違っている。

いまの日本は、肥料も飼料も、さらにタネまでを海外に頼っている。有事の際にはそうしたものも入ってこなくなるから、有事の際の食料自給率は1割を切ってしまうだろう。

私は、「有事になったら食料を生産する」という考え方がそもそも間違っているのだと思う。

食料安全保障のためには、ふだんから国民が食べるのに十分な量を作っておくべきなのだ。

あまった食料は、輸出するか家畜に与える。それが、欧米の実践している食料安全保障策なのだ。日本も、輸出したり、家畜のエサにしたり、あるいはパンの原材料として使うことを前提に、ふだんの消費量を超えるコメを作り続ければよいのだ。

3年にわたる「ひとり社会実験」が証明したこと

そうは言っても、日本の農業就業人口はすでに136万人にまで減少している。食料生産をしてくれる農家がいなくなってきているのだ。

私は、まず農業を「食べられる」職業に変えるべきだと思う。

欧州は農家の収入の9割が補助金、アメリカでも4割が補助金だ。日本は3割程度だ。

たとえば、農民1人あたり100万円の補助金を追加しても、必要な予算は

1兆3600億円で、防衛費増額の4分の1強を回すだけでよい。その補助金だけで、都会での低賃金・低やりがい仕事に辟易としている若者が就農する大きな動機になるだろう。

もう1つ必要なことは、「自分の食べ物は自分で作る」という大原則を打ち立てることだ。

私のこの3年間でやってきたひとり社会実験の経験では、家族が食べる基本的な野菜は20坪ほどの畑があれば、冬場を除けば、十分自給できる。

プロの農家は、素人では栽培が難しい品種や冬の時期、あるいは田んぼが必要なコメを中心に生産をすればよい。十分な所得補償があれば、たとえ野菜の自給が広がったとしても、農業生産額は大きく増えるだろう。

いま官僚たちが打ち出している食料安全保障策は、日常は農家を軽んじておいて、いざとなったら農産物を強制徴収して、それを都会にばらまくという都会目線、上から目線の政策だ。もっと生産者の立場に立たないと、食料自給率は上がらないだろう。

そうしたなかで、政府は「スマート農業」の普及・拡大に躍起になっている。

スマート農業というのは、ロボットや人工知能、ＩｏＴなどの先端技術を用いて、農業の生産性を大幅に引き上げる取り組みのことだ。

スマート農業推進が謳われる背景には、基幹的農業従事者の大幅な減少や高齢化の進展によって、従来のやり方で農業を継続することが困難になってきていることがある。

スマート農業では、自動走行トラクターを用いて耕耘《こううん》や収穫を行なったり、水田の水管理を人工知能を用いて遠隔化・自動化する取り組みなどが行なわれる。徹底的な省力化を図ることで人手不足に対応しようというのだ。

私はスマート農業推進に反対する

最初に結論から言っておくと、私はスマート農業推進に反対だ。

理由は、国民の健康と命に関わるからだ。

日本では長い間、医療と農業への株式会社参入を厳しく制約してきた。

株式会社の使命は1円でも多く利益を増やし、その利益を株主に配当することにある。社会貢献や環境対策を掲げる企業も増えているが、それは罪滅ぼしのようなもので、基本的な行動原理は製品価格を1円でも引き上げ、コストを1円でも節減して、資本の価値を上げることだ。まさにマルクスが言う「資本は増殖し続ける価値」なのだ。

そうした仕組みは、健康や命との相性が悪い。

農業分野と同様、医療分野でも医師不足が深刻化している。

その対応として、たとえば、患者の症状をこれまでの診療ビッグデータを用いて人工知能が分析し、薬を処方したり、ロボットに治療させることは技術的に十分可能だろう。

にもかかわらず、スマート医療の推進という話はほとんど出てこない。それは、万が一、人工知能が診断を誤ったら、取り返しがつかないからだ。人工知能は、誤診の責任を取れないのだ。

そうした事情は、農業でもまったく同じだ。むしろリスクは農業のほうが大きいかもしれない。

たとえば、残留が懸念されるほどの農薬を一気に散布したり、収量を増やすために化学肥料の使用を増やしたりすることだ。もちろん、そうしたリスクを避けるために規制を強化することはできるが、農家のすべての行動をコントロールすることなどできない。

私自身、もう7年も有機・無農薬の野菜作りを続けているのだが、つねに感じるのは、スーパーで買う安い野菜となんでこんなに味が違うのかということだ。安い野菜は大地の味がしないのだ。

もう1つ、スマート農業にはより喫緊の課題がある。

それは、農業を営んでいる現役の農家への影響だ。

現在、農家は肥料代や燃料費、電気代の高騰などで厳しい経営環境に置かれている。

そうしたなかで、スマート農業への転換を求められると何が起きるのか。

たとえば、自動走行のトラクターは1台で1000万円以上の高価格だ。そのほかに、さまざまなセンサーやコンピュータの設置で、農家に莫大な負担がかかってくる。

さらに最近では外資系を中心に、スマート農業への転換を支えるためのコンサルティング業務に乗り出す企業が増えてきた。

いくら国や自治体が補助金を出すと言っても全額ではないので、農家の負担は半端ではない増え方をする。

結局、スマート農業への転換で儲かるのは、農業機器のメーカーや情報システム関連会社、そしてコンサルティング会社ばかりになり、農家はただ疲弊の度合いを深めていくだけなのだ。

たしかに基幹的農業従事者の大幅な減少や高齢化の進展は、農業に危機をもたらす。しかし、だったらなぜ、若年労働力がどんどん農業に参入していく環境を作ろうとしないのだろうか。

たとえば、欧州でふつうに行なわれている農家への戸別所得補償制度を復活・拡充して、農業をしていれば生活になんの不安もない社会に転換するのだ。

いま、都会ではブルシットジョブ（生きがいを伴わない単純労働）が広がり、将来に希望を見いだせない若者が増えている。

彼らに生涯の生きがいを保証する農業生産の場を提供できれば、東京一極集中も緩和できるし、食料安全保障の強化にもつながる。

どうして日本政府は、そうした真っ当な農業政策を打ち出さないのか。

これまで安値が続いてきたコメの値段がついに上がり始めた。事態はすでにひっ迫している。

政府が目指す担い手への集約化は進んでいるが、田んぼの面積はどんどん減っている。

2023年産の主食用米の作付面積は124万ヘクタールと、10年前から18%も減少している。供給が細れば、価格が上昇するのは当然のことだ。

野菜でも同様のことが起きている。2022年の野菜の作付面積は、43万7000ヘクタールと、10年前から11%減少しているのだ。

農家への戸別所得補償を廃止するなど、農業への補助金を減らし続けたことのツケが回ってきているのだ。

都市生活者である官僚は、有事の際には権力を行使して、農家から農作物を奪い、それを都市住民で分け合って食べればよいと考えているのかもしれないが、そもそも国内の農地が激減してしまったら、農家から奪うべき農産物がなくなってしまうのだ。

まさか官僚が食べる分だけを確保できれば十分と考えているなんてことはないと信じたい。

日の丸半導体大逆転政策のゆくえ

政府が半導体産業の復権に向けて躍起になっている。

経産省が進める最大の施策は、台湾の半導体製造企業・ＴＳＭＣ（台湾セミコンダクター・マニュファクチャリング・カンパニー）が建設を進めている熊本工場への支援だ。

２０２４年2月に開所した日本初の生産拠点となるＴＳＭＣの熊本第一工場には最大４７６０億円を国の予算から補助する。

政府は、隣接する第二工場の建設にも協力する方針を表明していて、こちらは最大で７３２０億円の補助金を支出する予定だ。

そのほかにも、北海道千歳市で建設が進められているラピダスに最大９２００億円、三重県の四日市工場でアメリカのウエスタンデジタル社とフラッシュメモリーの共同生産をしているキオクシアに最大２４３０億円、広島工場で研究開発やＤＲＡＭの製造を行なうアメリカ企業マイクロンにも最大２３８５億円の補助金を出すなど、まさに大盤振舞いの補助金バラマキを続けており、半導体産業への補助金総額は４兆円に

政府によるおもな半導体補助金

企業名	概要	金額
TSMC	熊本見に第 1、第 2 工場を建設	**1 兆 2080 億円**
ラピダス	最先端半導体の量産を計画	**9200 億円**
キオクシア・米 WD	先端メモリーなどの量産	**2430 億円**
米マイクロン	次世代メモリーの開発・量産	**2385 億円**
東芝・ローム	パワー半導体の共同生産	**1294 億円**

出典：日本経済新聞電子版 2024 年 4 月 6 日　（注）金額は最大

達する予定だ。

なかでも、日の丸半導体復権への期待がかかっているのがラピダスだ。ラピダスは2022年10月にキオクシア、ソニーグループ、ソフトバンク、デンソー、トヨタ自動車、日本電気、NTT、三菱UFJ銀行の8社の出資で設立された新しい企業だ。

ラピダスは、半導体の設計、ウェーハ工程、3Dパッケージまで世界一のサイクルタイム短縮サービスを提供する経営方針を掲げており、2027年までに回路線幅2ナノメートル級（ナノは10億分の1メートル）の次世代半導体の量産を目指している。

政府はラピダスへの補助金だけではなく、研究開発の支援などを進めるための関連法を整備する方針を固めており、2025年の通常国会にも提出する考えだ。

そもそも国内の半導体産業に巨額の支援が行なわれることになったのは、経済産業省が2021年6月に「半導体・デジタル産業戦略」をまとめ、補助金を通じて国内の半導体産業の復権を掲げたからだ。経産省は、その際に3年間で4兆円もの予算を確保したのだ。

ジャパンディスプレイの悪夢

経産省が国産半導体の復権にこだわる1つの理由は、あまりに情けない国内半導体産業の現状だ。

1980年代後半に世界シェア50%以上だった日本の半導体産業は、いまではシェア10%を切っている。

凋落の原因は技術面での出遅れだ。

現状、日本メーカーが製造できる半導体は40ナノまでで、3ナノが主戦場である世界のトップメーカーからは技術的に10年は遅れていると指摘されている。しかも3ナノの半導体であっても、開発から量産までには3年かかるとされており、新設するラピダスの工場が目標としている今後たった3年間で現状の世界最先端を超える回路幅2ナノの半導体量産化まで技術的なジャンプアップをすることは誰がどう考えても不可能だろう。

日立製作所で長年半導体事業に携わった湯之上隆氏は著書『半導体有事』（文春新

書）のなかで、TSMCの熊本工場は、せっかく建てても、作るものがなくなるかもしれないと主張している。

熊本工場が製造を予定しているパソコンやスマートフォンのCPUとして使われるロジック半導体の不足は2021年前半ですでに解消していて、いま不足しているパワー&アナログ半導体を熊本工場では作ることはできないからだ。

また、TSMCの熊本工場に関しては、環境破壊の問題も持ち上がっている。半導体産業が使用する膨大な水を地下水でまかなうと、地域の水源を枯渇させる心配があるうえに、洗浄で出る有害物質で環境が汚染される懸念があるのだ。

今回の日の丸半導体大逆転政策はとんでもない失敗に終わる可能性が高いと私は考えている。

実際にこれまで2度にわたって国策会社は大失敗をしている。

1つ目は、ソニー、東芝、日立の中小型液晶ディスプレイ事業を統合して2012年に発足したジャパンディスプレイだ。政府系の産業革新機構が主導して誕生したが、発足以来一度も黒字になったことがなく、「日本最大のゾンビ企業」とも呼ばれている。

2つ目は、2009年に公的資金で救済したエルピーダメモリ（旧・NEC日立メモリ）だ。

こちらは2012年に経営破たんし、2013年にアメリカ企業のマイクロン・テクノロジに買収されてしまった。経産省が主導する産業政策の失敗で、国民の大切な資金がドブに捨てられたのだ。

2社の失敗に加えて、現在進行形の「危機」もある。キオクシア（旧・東芝メモリ）だ。

東芝メモリは、2018年6月に、米投資会社のベインキャピタルを中心とする企業コンソーシアムが設立したパンゲア（Pangea）に買収された。

パンゲアには、ベインキャピタルが自らの出資2120億円に、韓国の半導体メーカー・SKハイニックスの3950億円出資を合わせた連合軍で合計6070億円を出資（一部議決権の制約があるため、議決権比率は49・9%）、東芝の再出資が3505億円（議決権40・2%）、HOYA社が270億円（議決権9・9%）となり、日本企業がかろうじて過半の議決権を確保し、経営権が維持されることになった。

しかし、パンゲアへの出資比率を見ると、日本企業は38・3%となっており、結局、東芝は東芝メモリの61・7％を外資に売り渡したことになる。

東芝が虎の子の東芝メモリを手放さざるをえなくなった理由は、国策に沿ってアメリカでの原子力事業に乗り出したからだ。それが東日本大震災の影響で大失敗に終わり、巨額の負債を抱え込んだのだ。

経産省はその責任を明らかにせず、実質外資となったキオクシアと純粋なアメリカ企業であるウエスタンデジタルが共同で半導体を生産する広島工場に対して、今回2430億円もの補助金を投じることにしている。

TSMCも、キオクシアも、ウエスタンデジタルもすべて外資だ。外資に国民の税金が原資となる巨額の補助金を支払うことは正しいとは言えないだろう。

さらに、キオクシアホールディングスは2023年度1年間のグループ全体の決算を発表し、売上げは前の年度より16％減って1兆7766億円、最終的な損益は2437億円の赤字となった。赤字は2年連続だ。

フラッシュメモリーの世界的な需要の落ち込みで市況が悪化したことが赤字の原因だ。このままいけば、キオクシアが、ジャパンディスプレイやエルピーダメモリに次ぐ失敗例になる可能性は十分あるのだ。

私が初めてパソコンを買った1982年に16キロビットのDRAMは5000円くらいしていた。いまは16ギガビットのDRAMが同じ値段で買える。半導体の値段は100万分の1に下がったのだ。

半導体の市場というのは少しでも需給がゆるむと暴落する恐ろしい市場だから、半導体企業はつねに小回りの利く大胆な経営戦略が求められる。

しかし、癒着批判から業界と距離を置いてしまった経産省は、霞が関のオフィスから、頭のなかだけで考えた半導体戦略を実現するために金をバラ巻き続けている。もちろん、そうした補助金の先にも天下り先が控えている。

4兆円という巨額の補助金を社会保障に使ったり、減税に回せば、どれだけ国民生活が改善するかわからない。

経産官僚の半導体復権という〝妄想〟の被害者は国民なのだ。

第6章

〝官僚生態学〟から7つの処方箋

日本が沈没する前に

ここで、これまでの議論を振り返っておこう。

1998年に発覚した「ノーパンしゃぶしゃぶ事件」の破廉恥さに、官僚に対する国民の怒りが爆発した。そして、官僚はそのペナルティーとして、第二の報酬である「フリンジ・ベネフィット」を失うことになった。

「カネとオンナ」で構成される毒まんじゅうを食べられなくなっただけでなく、日本丸の舵取りをするという仕事の楽しさまで失ってしまったのだ。財務省を筆頭に、官僚の最後の生命線である天下りの利権はなんとか守ったものの、大手を振って天下りができる環境ではなくなってしまった。

こうした環境変化を受けて、一部の若手官僚はすでに職を辞して、好待遇の民間企業への転職に走っている。それでも、そうした動きをする官僚はまだ少数派で、大部分の官僚は驚きの「戦略転換」に打って出た。それは、厳しくなった自分たちの処遇のなかで、自分たちの都合のいいように国の制度や政策を次々に変えていくことだった。

こうした動きを止めないと、日本はどんどん沈没していってしまう。

それではどうすればいいのか。

四半世紀にわたって官僚の生態を観察し続けてきた私は、官僚に本来の姿に立ち返ってもらい、彼らの力を正しく日本丸のかじ取りに活用するべきだと考えている。

本書の最後に、そのための具体的な処方箋を示したい。

経済財政諮問会議から財務官僚を排除――処方箋その❶

現在、政府予算の骨格は、経済財政諮問会議が「骨太の方針」のなかで示す翌年度の財政指針で決められている。経済財政諮問会議は、小泉内閣のときに作られた仕組みで、議長を務める総理大臣のほか、経済財政担当大臣や財務大臣など5人の関係閣僚と企業経営者や学識者ら4人の民間議員、日銀総裁の合計11人で構成されている。

事務局は、内閣府が務めている。

もともと、政策の基本的方向性を表す予算の骨格は、官僚ではなく、選挙で国民の審判を受けた国会議員、そしてそこで選ばれた内閣が決めるべきだという考え方から経済財政諮問会議という組織は生まれた。

だから、内閣府が所管をしているのだが、いつの間にかこの会議が財務省に乗っ取られてしまった。いまでも形式上は、内閣府の所管ではあるのだが、予算の骨格は財務省が決めているのだ。

その結果、予算編成は、財務省の思いどおりになる。

たとえば、2025年度予算では、社会保障費の自然増を4100億円とする方針を経済財政諮問会議が掲げている。

自然増というのは、高齢化にともなって自動的に増えていく年金や医療、社会福祉のための社会保障予算のことで、ふつうに計算すると毎年1兆円ずつの増加が必要となる。

ところが、経済財政諮問会議が4100億円という上限を示す（これをキャップ制と呼ぶ）ことで、1兆円に足りない5900億円を、厚生労働省はどこかで手当てしなければならなくなる。

その結果、何が起きるのか。厚労省は、国民年金保険料や介護保険料の引き上げや社会保障サービスを受ける際の自己負担率の引き上げといった負担増と、年金給付や医療介護、社会福祉サービスの給付抑制を行なうしかなくなる。

毎年毎年、日本の社会保障が劣化していくのは、このキャップ制の存在が一番大きな原因になっているのだ。

経済財政諮問会議の目的は、予算編成を官僚に委ねず、政治家が決めることにあった。にもかかわらず、経済財政諮問会議の事務局を財務省に乗っ取られることで、財務省の思いのままに予算が決められるというおかしな矛盾が生じているのだ。

それを改善する方法はシンプルだ。

経済財政諮問会議の事務局と首相官邸から、財務官僚を完全に排除すればよいのだ。

建築の世界にたとえてわかりやすく言えば、設計から施工までのすべての役割を果たしている財務省の仕事を、決められた全体方針を実際の細かな予算に落とし込んでいく施工の役割のみに限定するのだ。

予算の全体方針は、閣僚とそれをサポートする学者、そして財務省以外の官僚が決めていく。

そうすれば、国民が真に必要とする政策が選択され、「基礎的財政収支を黒字化する」という経済学的には「百害あって一利なし」の基本方針が採用されることもなくなるはずだ。

官僚の報酬を3倍に——処方箋その❷

最近、キャリア官僚の職を辞して、民間に転出する若手が増えている原因は、官邸主導の政策決定が行なわれるなかで、財務省以外の官僚から政策決定権が奪われ、仕事がつまらなくなったというだけではない。

若手に高額報酬を出す企業が増えてきたという理由は前述したとおりだ。ゴールドマン・サックス証券、三菱UFJモルガン・スタンレー証券、BofA証券(旧・メリルリンチ日本証券)というアメリカ系に加えて、バークレイズ証券など、投資銀行の報酬は国内企業とくらべてけた違いに高い。初任給でいうと1000万円程度の報酬が確実に用意される。そして何年か実績を積み重ねれば、年俸が1億円を超えるのだ。

私は、投資銀行の社員と交流がなく、数年前まで投資銀行で働く人、とくに1億円クラスの年俸を得ている社員の能力はとても高いのだと信じ込んでいた。

たとえば、彼らが作り出すデリバティブを活用した金融商品のセールストークでは、「この商品は理科系最高水準の頭脳を持つ有能な社員が、金融工学という高度な数学を用いてリスクコントロールをしています」などと言うものだから、天才クラスの数学的能力を持っていると思い込んでしまったのだ。

ところが、最近になって、複数の投資銀行の元社員との情報交換が可能になって彼らの正体がわかってきた。

彼らが使っている「高度な数学」というのは、高校の教科書にも載っているレベルの他愛のないものだったのだ。つまり、バカげた高額報酬を得ている彼らの能力はさほど高いものではないということだ。

一方、官僚の能力は、私の目から見てもとてつもなく高い。そのことはこの40年間の付き合いのなかで強く実感している。

だから、彼らが投資銀行に転職すれば、ほぼ間違いなくそこで莫大な報酬を得る勝ち組として生き残ることができる。それゆえ、このままだと有能な官僚の人材流出を止めることはできないのだ。

それでは、どうしたらよいのか。

キャリア官僚の報酬だけを一般公務員の給与から切り離して、いまの3倍程度に引き上げればよいだろう。初任給は年俸1000万円、本省の課長補佐で年俸3000万円くらいのイメージだ。投資銀行のように「稼いだ額」という年俸の算定基準を適用することができないので、1億円以上の報酬を出すことは難しいだろうが、それくらいの報酬を支払えば、人材流出は止まるはずだ。

キャリア官僚の数はさほど多くない。在籍数で言えば、多く見積もっても、せいぜい2万人くらいだ。

彼らの報酬を3倍にするためのコストを1人あたり1500万円としても、総予算は3000億円程度で済む。財政規模全体とくらべたら、大した金額ではないのだ。

毒まんじゅうと天下りの完全禁止――処方箋その❸

十分な金銭報酬を支払うかわりに、キャリア官僚に対する毒まんじゅうと天下り先の提供は完全に禁止する。

毒まんじゅうについては、潜水艦を製造する川崎重工業から海上自衛隊が日常的な接待を受けていたことが2024年に発覚したが、それは例外的に昔の慣習が生き残っていたためで、一般省庁ではすでに絶滅に近いくらいに減少している。

問題は莫大なコストを民間に負担させ、癒着の温床となっている天下りをどうなくすかだ。

じつは、安倍政権の時代に天下りを禁止しようという動きはあったそうだが、天下りを完全禁止するのは、憲法で保証されている職業選択の自由を奪うことにつながるので現実問題として難しく、結局、天下りのあっせん禁止という中途半端な対策になってしまったのだそうだ。

ただ、私は公務員全体ではなく、キャリア官僚についてのみ「職業選択の自由を奪う」という選択はありえると思っている。

敵基地攻撃能力の保持とか、生活保護の認定基準の厳格化とか、憲法違反とも言える政策はこれまでもさんざん行なわれてきた。それとくらべたら、少数の官僚の職業選択の自由を奪うことは些末な問題だ。

もちろん、いくら天下りを禁止するためとは言え、若手の転職まで制限するのはいきすぎだろう。

そこで参考になるのがリクルート社のモデルだ。明文化はされていないようだが、リクルートは、若手の転職流出をむしろ積極的に評価していて、会社を辞めて独立した「元リク」に対して仕事を発注するなど、転職後の職業人生をサポートすることで、人的ネットワークと業容の拡大を実現している。ただ、40歳をすぎて独立できなかった社員に関しては、定年まで徹底的に雇用を守るのだそうだ。

官僚についても、同じことをすればよい。40歳までは転職自由とする。もちろん天下りのあっせんなどしない。

そして、40歳を超えて役所に残っていた官僚については、65歳の定年までずっと居続けてもらい、定年後は隠居してもらう。

高報酬に伴う十分な年金が支払われるのだから、定年後の労働は一切禁止する。そうすれば、天下りが生き残る隙間はなくなるのだ。

官僚にも調査研究広報滞在費を――処方箋その❹

これまで述べてきたことと一見矛盾するように聞こえるかもしれないが、私は所管業界との癒着は防止しなければならないが、業界と距離を置くという現在の官僚と業界の関係性も健全ではないと思っている。

業界との距離を置いたために、霞が関の快適なオフィスのなかで思いついた、現場を踏まえない〝上から目線〟のズレまくった政策が横行しているからだ。

もっと具体的に言うと、官僚と業界代表が日ごろから酒を酌み交わし、業界の現場にも官僚が日常的に顔を出して現場の声を聞くというかつての慣習を取り戻すべきだと思う。

問題は、そうしたコミュニケーションの費用を業界がすべて負担してきたことだ。

つまり、コミュニケーションの費用を割り勘にすればよいのだ。

それでは官僚が負担する分をどこから捻出するのか。

私は、官僚にも「調査研究広報滞在費（旧・文書通信費）」を支給すればよいと考えている。

現在、国会議員には、毎月１００万円の調査研究広報滞在費が支払われ、政治活動のために幅広い目的で使用されている。地元に帰るための航空券代から、クルマのリース代、ガソリン代、果ては議員会館で使うウェットティッシュ代まで支払っている議員もいる。

それと同じ仕組みの経費を官僚にも与えるのだ。そうすれば、官僚は出張予算を気にせず、現場の視察に出かけることができるようになるし、割り勘で業界の人たちと「飲みにケーション」を取れるようにもなる。

いまの国会議員の調査研究広報滞在費の問題は、領収書の公開義務がなく、何に使っているのかブラックボックスになっていることだが、それは国会議員分も含めて、すべての領収書を公開する仕組みを導入すればよい。

一部の政党に所属する国会議員はすでにネット上での公開に踏み切っているから、まったく不可能な話ではないのだ。

国税庁を財務省から完全分離——処方箋その❺

官僚のなかで、財務官僚だけが権力を維持し続け、むしろ拡大している原因は、財務省の外局として国税庁が徴税の機能を擁しているからだ。

予算と徴税の双方の権限を握る官庁を持つ国を私は日本以外に知らない。

ふつうの国は、財務省と歳入庁が完全に切り離されている。

たとえば、アメリカは内国歳入庁、イギリスは歳入・関税庁、ドイツは連邦中央税務庁、フランスは公共財政総局が、税の徴収を専門に担当している。

ただ、そうした税徴収のための組織のあり方が問題の本質ではない。アメリカでも内国歳入庁は財務省の外局であり、形式的には日本の国税庁と同じだ。日本の特殊性は、国税庁が人事面でも、そして指揮命令権でも、事実上財務省の意のままに操られているという事実だ。

日本では予算編成と徴税を財務省が完全掌握するという世界で例のないことが行なわれるなかで何が起きているのかと言えば、マスメディアや学者が財務省に逆らうことが一切できなくなっているということだ。

もし、徴税部門を財務省から完全に切り離せば、そうしたリスクを感じる人がいなくなるため、公平で公正な財政論議ができるようになるのだ。

官僚を労働基準法の適用除外に——処方箋その❻

心身の健康や個人生活とのバランスを保つために、労働時間を厳しく管理するという「働き方改革」の理念に私はけっして反対ではない。ただし、それはあくまでも一般的な仕事の場合だ。クリエイティブな仕事は、労働時間規制になじまない。

たとえば、画家の仕事を考えてみよう。インスピレーションが湧いて、筆が次々に進み始めたとき、1日の労働時間規制上限によって絵を描くのをやめさせることが、果たして合理的と言えるだろうか。仕事を翌日に回したら、せっかくのインスピレーションが消えてしまうことは、十分ありえるのだ。

官僚の仕事も同じだ。彼らには、激動する経済社会環境のなかで、弾力的な戦略策定が求められる。やるべきときには無制限に働く。だから、労働時間を気にすることなど、あってはならないのだ。

そのため、官僚については労働基準法の適用をやめて、生死の境まで働くことを認める。それはけっして難しいことではない。自営業者には、もともと労働時間の規制などないからだ。

心身の健康とのバランスは官僚自らの判断で決めればよい。私が経済企画庁で働いていたときの残業時間は、おそらく月間200時間をゆうに超えていた。

しかし、私はつらいと思ったことは一度もない。仕事がとても楽しかったからだ。休暇でどこかに出かけたときのレジャーの時間を規制すべきだという人はほとんどいないだろう。それと同じで、楽しい仕事に時間規制は不要だ。

官僚の長時間労働が問題なのではなく、官僚の仕事から楽しさを奪ってしまったことが大きな問題なのだ。

経済企画庁の復活　――処方箋その❼

私は、国の舵取りは、優秀な少数のエリートによってなされるべきだと考えている。

2024年8月下旬、日本テレビによるインタビューで、ユニクロを展開するファーストリテイリングの柳井正会長兼社長が「少数精鋭で仕事するということを覚えないと日本人は滅びるんじゃないですか」と指摘した。

この発言に対して、賛否両論の論争が巻き起こったが、私は柳井発言はこの部分に関しては、まったく正しいと思っている。

民主的な意思決定には、2つの問題がある。

1つは意思決定に時間がかかることだ。変化の激しい時代に、丁寧な説明や根回し、会議などを重ねていたら、時代に取り残されてしまう。

もう1つの問題は、政策に一貫性がなくなることだ。さまざまな意見を取り入れたり、ましてや素人が口を出してくると、わけのわからない政策が打ち出されてしまう。「船頭多くして、船山にのぼる」になってしまうのだ。

これまでも述べてきたように、キャリア官僚は1万人に1人の才能を持つ知的エリートだ。40年以上彼らとつきあってきて、私は彼らには絶対に敵わないと感じている。彼らは地頭がよいだけでなく、自分の省庁の業務に精通するエキスパートだからだ。

ただ、そんな私も1つだけ彼らに対抗できる、あるいは上回っていると思えることがある。それが「総合性」だ。

私はシンクタンク時代、数多くの中央省庁からの受託調査を引き受け、大部分の主要官庁の官僚と一緒に仕事をしてきた。だから、霞が関全体の動きは、個別の省庁の官僚よりも理解できていた。

ただ、官僚システムには、その「総合性」の問題を解決する方法があった。「経済企画庁」の存在だ。

私が1984年から1986年まで勤務していた経済企画庁は「総合調整官庁」と呼ばれ、霞が関の主要官庁から官僚が集まり、角を突き合わせて、夜な夜な天下国家のあり方を議論していた。

各省庁の官僚が経済企画庁につどい、叡知を結集することで「総合性」を担保していたのだ。

しかし、経済企画庁が廃止され、内閣府の一部局になってしまったのは、実際の政策決定の役に立たなかったからだ。

役に立たなかった最大の理由は、経済企画庁が財務省の植民地になってしまったことにあった。経済企画庁では、事務次官から官房長、局長、審議官、総括課長など、重要ポストはすべて大蔵省からの出向者で固められていた。

だから、どんなに議論を積み重ねて、素晴らしい政策を作り上げたとしても、財務省の意向には一切逆らえない構造になっていたのだ。

それであれば、答えは明確だ。財務省を排除する形で、経済企画庁を新たに設立すればよいのだ。

政策は、予算を最優先で考えるのではなく、国や国民にとって何が必要なのかを最優先で決める。財務省は、そこで決まった政策に必要となる予算を予算書に落とし込む作業だけに特化する。

幸か不幸か、この数年の極端な財政緊縮によって、日本にはとてつもない財政余力がある。年間100兆円程度までであれば、財政赤字を出し続けることが可能なのだから、真に日本のため、国民のための政策作りが、すぐにでも可能になるはずなのだ。

あとがき

どんなに優秀な政治家でも、政策の実現を一人だけですることはできない。具体的な戦略を立てるためにに、どうしても専門能力を備えたスタッフのサポートが必要になる。そのため、アメリカでは、民主党にはブルッキングス研究所、共和党にはフーバー研究所というシンクタンクが存在し、その研究員はそれぞれの専門領域で、つねに最新のデータや理論を蓄積して、そのノウハウを政治家に提供している。

１９８８年にシンクタンク業界に転じた私が目指していたのは、そうしたシンクタンクを日本にも根付かせることだった。

しかし、現在、本来のシンクタンク機能を備えている研究機関は、私が勤務していた三菱ＵＦＪリサーチ＆コンサルティングに一部残されているだけで、日本では定着しなかった。その理由は、日本にはそもそも官僚というシンクタンクが存在していたからだ。

私の職業人生の大部分は官僚とともにあった。彼らはじつに優秀だ。誤解を恐れずに言うと、私自身は、彼らに近いところまで専門能力を高めることができたと自負しているが、彼らを超えることはまったくできなかった。そもそも素材が違うのだ。

その優秀な官僚が1990年代以降、フリンジ・ベネフィットと政策の決定権をはく奪されて、すねてしまっている。そして、小市民化し、国家ではなく、自分たちの暮らしを改善するためのズレた政策遂行に邁進するようになってしまった。一方、財務官僚は規制をかいくぐり、天下り利権を拡大する方法を編み出した。

もともと優秀な人たちだから、ひとたび暴走を始めると、それを止めるのは、とてつもなく難しい。ただ、官僚の暴走が日本の経済社会停滞の大きな原因になっている以上、なんとかそれを止めないといけない。

詳しくは『がん闘病日記』（三五館シンシャ）に書いたが、私の40年以上にわたる職業人生のなかで、心から尊敬できる上司がいた。経済企画庁総合計画局労働班に出向したときに赴任してきた中名生隆《なかのみょうたかし》計画官（課長）だ。

彼は、部下を集めてこう言った。

「良い情報は後回しでいい。まずい情報はすぐに上げろ」

「自信のある仕事は締切まで自由にやれ。ダメだと思ったら、すぐに上げろ」
指示はそれだけだった。そして、日中はずっと新聞や本を読んでいた。しかも終業のベルが鳴ると、引き出しからウイスキーの瓶を取り出して、毎日深夜までひたすら飲んでいた。

あとからわかったのだが、彼がそうした行動をしていたのは、いざというときの危機管理のためだった。仕事は思い切って若手の官僚にまかせる。ただ、若手が行き詰まったり、大失敗をしたときのために、つねに待機して、緊急出動に備えていたのだ。私は、信頼され、責任のある仕事をまかされたことを意気に感じて、毎日午前2時、3時まで働き続けた。

当時の私は専売公社民営化のゴタゴタに巻き込まれて、残業代や手当をもらえておらず、手取りは13万円程度だった。もちろん付け届けも接待もない。それでも、プライベートをすべて投げうって仕事にすべてを懸けることができた。震えるくらい仕事が楽しかったからだ。

官僚に与えるべき報酬は、金銭でも、利権でも、天下りでもなく、やりがいのある仕事なのだ。そのことが私が経済企画庁で働いた経験から得た最大の教訓だ。

やりがいのある仕事を奪われ、「国のために働く官僚」はいまや絶滅危惧種になってしまった。高い潜在能力を持つ官僚にどうか本来の姿を取り戻してもらいたい。

本書は、職業人生の大部分を官僚とともにすごしてきた私から官僚におくる応援歌なのだ。

２０２４年10月

森永卓郎

森永卓郎◉もりなが・たくろう
1957年、東京都生まれ。経済アナリスト、獨協大学経済学部教授。1980年、東京大学経済学部を卒業後、日本専売公社（現・JT）に入社。予算を握る大蔵省（現・財務省）の「奴隷」だった経験をもとに、カルト化する財務省を描いた『ザイム真理教』がベストセラーに。次いで四半世紀のメディア活動で見聞きした〝3つのタブー〟に斬り込んだ『書いてはいけない』が28万部を超えるヒットに。「ステージ4」のがん告知からの顛末と死生観を描いた『がん闘病日記』、投資熱に浮かされる日本人への警告書『投資依存症』に続き、本作ではエリート官僚の知られざる生態に迫る。

官僚生態図鑑

二〇二四年　一二月　一日　初版発行
二〇二四年　一二月二五日　六刷発行

著　者　森永卓郎
発行者　中野長武
発行所　株式会社三《さん》五《ご》館《かん》シンシャ
〒101-0052
東京都千代田区神田小川町2-8　進盛ビル5F
電話　03-6674-8710
http://www.sangokan.com/
発　売　フォレスト出版株式会社
〒162-0824
東京都新宿区揚場町2-18　白宝ビル7F
電話　03-5229-5750
https://www.forestpub.co.jp/
印刷・製本　モリモト印刷株式会社

ISBN978-4-86680-942-7

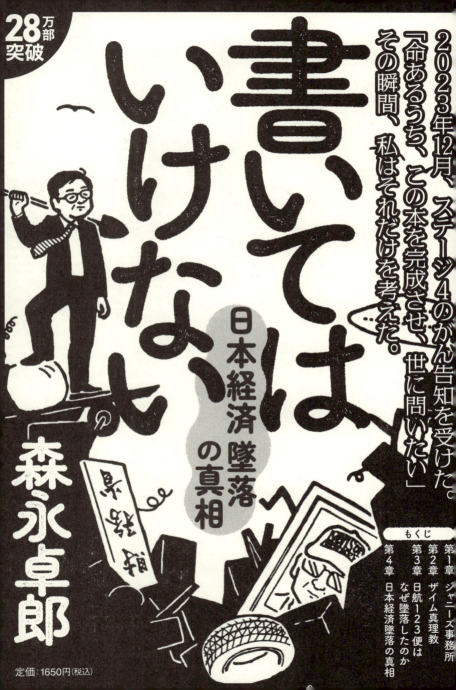

6万部突破
突然の余命宣告から、治療法の選択、がんとお金、死生観…
現在進行形闘病ドキュメント
がん闘病日記
お金よりずっと大切なこと
森永卓郎
第1章 突然のがん宣告
第2章 殺到する「がんの治し方」
第3章 がん治療とお金
第4章 私の選択
第5章 いまやる、すぐやる、好きなようにやる
第6章 素敵な仕事、自由な人生
定価：1650円（税込）

6.1万部突破
投資とギャンブルは違うものだ
と言われる。
投資依存症
しかし、
投資の本質はギャンブル以外の何ものでもない。
こうしてあなたはババを引く
森永卓郎
定価1650円（税込）